Max Büdinger

Poesie und Urkunde bei Thukydides

Eine historische Untersuchung. Eingereichte Urkunden. Vorwort über die

Aufgabe

Max Büdinger

Poesie und Urkunde bei Thukydides
Eine historische Untersuchung. Eingereichte Urkunden. Vorwort über die Aufgabe

ISBN/EAN: 9783743651999

Hergestellt in Europa, USA, Kanada, Australien, Japan

Cover: Foto ©Thomas Meinert / pixelio.de

Weitere Bücher finden Sie auf www.hansebooks.com

DENKSCHRIFTEN
DER
KAISERLICHEN AKADEMIE DER WISSENSCHAFTEN IN WIEN
PHILOSOPHISCH-HISTORISCHE CLASSE.

BAND XXXIX.

V.

POESIE UND URKUNDE BEI THUKYDIDES,

EINE HISTORIOGRAPHISCHE UNTERSUCHUNG

VON

MAX BÜDINGER,

WIRKLICHEM MITGLIEDE DER KAISERLICHEN AKADEMIE DER WISSENSCHAFTEN.

ZWEITER THEIL.

WIEN, 1891.
IN COMMISSION BEI F. TEMPSKY
BUCHHÄNDLER DER KAIS. AKADEMIE DER WISSENSCHAFTEN.

Zweiter Theil.

Motto: er wollt' Worte zu Allem finden
Wie er möcht' so viel Schwall verbinden
Goethe

Eingereihte Urkunden.

Vorwort über die Aufgabe.

In den bis hieher vorgeführten Untersuchungen habe ich, von Homer abschend, die Einwirkungen von fünf Dichtern auf Thukydides' Geist, gleichsam die Spiegelung der von ihnen geschaffenen Bilder in seiner Seele, wiederzugeben gesucht. Es ist selbstverständlich, dass andere Poëten, welche weiterer Forschung zu finden möglich sein dürfte, auf seine Gedankenrichtung bei einzelnen Begebenheiten ebenfalls eingewirkt haben. Doch musste ich mich auf diesem neuen Gebiete auf das Gebotene beschränken.

Und nicht viel anders steht es mit der Urkunde. Ich gebrauche das Wort in der nachfolgenden Untersuchungsreihe nicht im technisch gerichtlichen Sinne, sondern für alle bei dem Geschichtschreiber im Wortlaute oder im Auszuge erhaltenen Schriftstücke ‚rechtlicher Natur,'[1] jedoch fast durchaus mit Ausschluss der auf die innere Regierung, namentlich die Kriegs- und Finanzverwaltung der Staaten bezüglichen actenmässigen Nachrichten, welche ihrerseits wieder besondere Behandlung erheischen.

Die eingehendste und auch förderlichste unter den neueren Forschungen auf diesem Gebiete[2] beschäftigt sich vornehmlich mit Urkunden der zweiten, etwas kleinern

---

[1] Von anderen Definitionen absehend, halte ich mich an die eingehende Entwicklung des Begriffes bei Theodor Sickel (Die Urkunden der Karolinger 1867) I, 1—3.

[2] August Kirchhoff's vier akademische Abhandlungen von 1880 bis 1884 sind im ersten Theile S. 10 näher citirt, die mehrfach ergänzenden Studien von Steup ebendas. S. 8. In der vierten Abhandlung hat Kirchhoff (1884, S. 413 f.) neben V, 18, 2, VII, 18, 3 zum Erweise der wörtlichen Uebereinstimmung eines Satzes des Nikiasfriedens mit dem entsprechenden des Friedens von 445 auch I, 78, 5, I, 115 und I, 145 beigezogen.

Hälfte[1] des uns vorliegenden Geschichtswerkes. Es sind neun Staatsverträge, welche Athener und Spartaner theils unter sich, theils mit anderen Staaten abgeschlossen oder denselben proponirt haben. Ihre wörtliche Einreihung in diese zweite Hälfte der Darstellung[2] gibt derselben ein neues, einigermassen charakteristisches Gepräge; denn abgesehen von den früher[3] erwähnten Acten über Pausanias' und Themistokles' Katastrophe, welche eine noch besonders zu erörternde[4] Einreihung gefunden haben, liegt auch in dem ersten Theile des thukydidëischen Werkes eine Fülle urkundlichen Materiales vor, wenn man den umfassenden, soeben definirten Begriff von Urkunde ins Auge fasst.

Eine genügende Kunde von den Principien, nach welchen der Geschichtschreiber diesen mannigfachen urkundlichen Stoff verwerthete, muss einer ernstlichen Discussion über die historiographischen Grundsätze des Autors überhaupt vorausgehen, wenn eben eine solche Discussion unsere Erkenntniss von den betreffenden, für die historische Composition aller Zeiten so wichtigen Fragen irgendwie fördern soll.

Mit diesem Sachverhältnisse des urkundlichen Bestandes,[5] vornehmlich in der ersten Hälfte des Werkes, dürfte es sich ähnlich verhalten wie mit den auszugsweise oder in indirecter Sprechweise eingefügten Reden. Ich habe früher[6] Gelegenheit genommen, darauf aufmerksam zu machen, eine wie schädliche Lücke es in den Untersuchungen über die thukydideischen Reden bildet, dass die in obliquer Form gegebenen Uebersichten oder auch zuweilen erscheinenden wörtlichen Auszüge von Reden meist ganz vernachlässigt werden; es hat sich hiebei gezeigt, dass diese Vernachlässigung nachtheilig geworden ist für das Verständniss der Absichten des Geschichtschreibers, ja der ganzen von ihm behandelten Zeit. Die damaligen Feldherren, Staatsmänner, Diplomaten erhalten in diesen Redeexcerpten und Redeübersichten regelmässig eine wichtige Beleuchtung persönlicher oder sachlicher und meist beider Art. Der achtungswerthe schottische Gelehrte, welcher zuletzt in bemerkenswerther Weise die thukydideischen Reden im Zusammenhange behandelt hat, würde besser gethan haben, der fruchtbaren Betrachtung jener unscheinbaren, meist kleinen Stücke nachzugehen, als die ziellose Jagd nach vaticinia ex eventu in den Reden des Geschichtschreibers wieder aufzunehmen. Dieses für andere Scribenten so verlockende Täuschungsspiel sollte bei unserm Autor überhaupt nicht mehr gesucht werden.

Selbst bei einem, die hohe Schule der Historiographie bei all seiner mühseligen Systematik eher verschmähenden, so gelehrten und vielseitig gebildeten Schriftsteller wie

---

[1] Von IV, 118 an, in der Ausgabe von Stahl auf der 242. Seite des ersten Bandes, der noch 10 zählt, der zweite 219 Seiten. Nach der Böhme'schen Ausgabe beginnt IV, 118 auf S. 310 des ersten Bandes, der noch 12 zählt, der zweite 279 Seiten. Vollends die widersinnige Abtheilung des vierten und fünften Buches sollte doch ein neuer Herausgeber, unter Notirung des jetzigen Brauches, aufgeben.

[2] Es bedarf wohl kaum besonderer Erwähnung, dass ich bei der keineswegs buchmässig zu denkenden Entstehung des Werkes auch die besonders von Kirchhoff 1883 (III, 838) statuirte Haupttscheidung mit V, 21 als legitimenlem zweiten Theile nicht für zulässig halte.

[3] Vgl. im ersten Theile S. 21 und 25.

[4] Vgl. unten § 3 den Excurs über die Pentekontaëtie.

[5] In Bezug auf die äusserliche Form der nicht inschriftlich auf Stein oder Metall verzeichneten Urkunden der thukydideischen Zeit möge hier doch die Thatsache bemerkt sein, dass bei Testamenten ein Material verwendet wurde, an das in einer Muschel oder muschelähnlichen Kapsel ein Siegel oder mehrere gehängt wurden: Κλάειν ἐμοί μαπρὰ τὴν κεφαλὴν εἰπόντα τῇ διαθήκῃ, καὶ τῇ κόγχῃ, τῇ πάνυ τοιωντὶ ταῖς τηρήσεσιν ἐπούσῃ, (Aristophanes, Wespen 584 f.). Ob die σφραγίς hier die Handzeichen, die Zeugenunterschriften wie bei den ägyptischen Urkunden, oder Siegel sind, die neben der Hülle oder Muschel angebracht waren, vermag ich freilich so wenig zu sagen, als ob das Material der Urkunde selbst ägyptisches Pergament war, an welches man nach den Funden der letzten Jahrzehnte zuerst denkt, oder, wie noch heute in Indien, ein aus Palmblättern oder Palmbast gefertigtes billigeres Präparat.

[6] Vgl. im ersten Theile S. 14 Anm. 1 und dazu S. 1 Anm. 3, S. 26 Anm. 7, S. 29 Anm. 4, S. 40 Anm. 3.

Polybius' darf man diese läppischen verdeckten Prophezeiungen niemals zu finden meinen, auch dann nicht, wenn die empfindlichste und gefahrvollste Seite seiner Publicationen, das Verhältniss der Griechen zu den Römern, in Betracht kam. Deren plebejische Nobilität dürfte auch nach des Censoriers Cato Tode den etwa des Schutzes der patricischen Aemilier und Cornelier beraubten arkadischen Dienstmann wie ein Nichts jederzeit dem schmählichsten Untergange preiszugeben bereit gewesen sein. Wenn man nun aus den von Polybius so gefeierten Philopoimen Munde² die höchst erbärmliche Situation der herabgekommenen Hellenensprossen den Römern gegenüber geschildert und ungefähr den politischen Zustand Griechenlands um das Jahr 144 vorausgesagt findet, so wäre es so fehlerhaft als unvernünftig, hier etwa eine kleinliche Zuthat alberner Weissagung von Polybius' Hand zu vermuthen.

Man mag an diesem Beispiele eines geringern Geistes erwägen, welchen Massstab die Prophezeiungsjäger auf dem Gebiete der thukydideischen Kunstreden an den Genius legen, der in möglichst genauer Wiedergabe der schönen Wahrheit Pflicht und Freude findet. Dann erst wird man zur rechten Würdigung auch der Redeexcerpte und demnächst der Ergebnisse des Actenstudiums unsres Autors gelangen.

Mit Beidem aber, mit Urkunde und Rede, verhält es sich für unsern Geschichtschreiber ähnlich wie mit den im ersten Theile dieser Untersuchungen vorgeführten Einwirkungen jener fünf Dichter, welchen er seine Seele eröffnete und denen er in freier Hervorbringung oft genug eine helfende Thätigkeit bei der Fassung seiner Urtheile über Begebenheiten und Personen gestattete.

Erstes Kapitel.

Staatsurkunden.

Es scheint mir angemessen, unter dankbarer Benutzung der mit hervorragender Sprach- und Sachkunde geführten Untersuchungen über jene neun Vertragsurkunden, zunächst die für die folgenden Ausführungen erheblichen Grundsätze darzulegen, nach welchen Thukydides das ihm vorliegende Actenmaterial verwerthete.

§ 1. Angebliche Fälschungen über den Kriegsbeginn.

a) Die Polemik.

Der Rechtsgang, welcher seit etwa einem Jahrzehn von einigen berufenen oder auch nicht berufenen Schriftstellern unternommen wird, soll an einer Anzahl von Einzelheiten beweisen, dass Thukydides ein nachlässiger oder ein übel unterrichteter oder ein die Wahrheit fälschender Autor gewesen sei, vielleicht auch alle drei Eigenschaften in seiner Person vereinigte. Da nun solche Angriffe gegen den seit so vielen Jahrhunderten Verstorbenen leicht genug gewagt werden können, so bleibt seinem Schatten in der Unterwelt nur der Trost,

---

[1] Ich denke, dass nach Dr. R. Thommen's allgemeiner Erforschung der Entstehung des Polybianischen Werkes (Hermes XX, 196 bis 236) nichts unsere Kenntniss über des Verfassers Geistesart so gefördert hat wie Dr. R. von Scala, Die Studien des Polybius 1890, Band I.

[2] Polybius ed. Hultsch XXIV, 14 und 15. Zu dem hier nach Philopoimen's Sinne und vielleicht Wortlaut Gesagten gehört dann auch die XVIII, 15, 2 gegebene Definition von dem, was man unter einem Verräther zu verstehen habe.

den sich auch Perikles gefallen lassen muss, dass solch grosse Figuren den Kurzsichtigen gute Schussobjecte bieten.

Auch mir könnte erspart bleiben, in diese unfruchtbare Polemik verflochten zu werden, wenn nicht wirkliche Forschung sich an diesen seltsamen Angriffen betheiligt hätte, so dass in dem vorliegenden Zusammenhange einer eingehenden Erörterung auszuweichen unmöglich für mich wie dermalen für Jedermann ist, der die Benützung des urkundlichen Materiales von Seiten unsres Geschichtschreibers darzulegen hat.

Ich beschäftige mich doch eingehend nur mit der zuletzt erschienenen Untersuchung.[1] Diese schliesst mit der Erklärung, dass bei Thukydides nicht ‚von dem Forscher und Darsteller‘, sondern ‚lediglich vom Politiker die Rede gewesen‘ sei. Vorher (S. 426) wird als Ergebniss der Arbeit bezeichnet, dass ‚die patriotische Bestimmung des Werkes dem Verfasser die äusserste Zurückhaltung in Bezug auf die inneren Kämpfe seines Vaterlandes‘ geboten habe; gleich ‚nach den Eingangsworten‘ habe ‚der Leser gewusst, dass er eine athenisch gefärbte Berichterstattung erwarten könne‘.

b) Vergleichung mit Polybius.

Für diese dem aufmerksamen Leser unsres Geschichtswerkes seltsam erscheinende Behauptung wird aber angeführt, dass der angeblich ‚strengste Kritiker Polybius‘ (16, 14) die Lehre aufstelle, der Historiker müsse seiner Darstellung zu Gunsten seines Heimatstaates — denn ‚Vaterland‘ lässt nicht den Polybius vorschwebenden Begriff erkennen — eine günstige Färbung geben, ohne doch die Wahrheit direct zu verletzen. Von diesem Rechte oder dieser Pflicht habe unser Autor ‚umfassvollen Gebrauch gemacht: er verschweigt, er erfindet nicht‘.

Hier ist nun doch wohl zunächst zu bemerken, dass Polybius' Theorie in Bezug auf ihn selbst für den Leser die keineswegs angenehme Folge hat, bei der Lectüre seiner schon die Zeitgenossen vom Ankaufe zurückschreckenden,[2] lehrhaften Bücher Alles durchgeniessen zu müssen, was ihm ererbtes und in persönlichen Erfahrungen gesteigertes Vorurtheil gegen die Aetoler und Spartaner wie für die Achäer eingibt: so muss man all die Kläglichkeiten dieser kleinen, ihrem verdienten Untergange blindlings zueilenden Völkerschaften und Bünde gleichsam in ihren Wortgefechten als gelangweilter Zeuge noch einmal mit erleben.

Der in solchem nichtigen Hader angewachsene und hartnäckig weiter denkende, dazu, wie oben (S. 3) bemerkt, in seiner eigenen Existenz von dem zunächst freilich grossmüthig erscheinenden Römerstaate in jedem Momente bedrohte schematisirende Universalhistoriker Polybius mag freilich lehren, dem Züngelein der Gerechtigkeitswage zu Gunsten des Heimatstaates nachzuhelfen (ῥοπὰς δίδοναι). Es braucht aber kaum gesagt zu werden, mit welcher Verachtung solchen Rath ein Geschichtschreiber hören müsste, der wie Thukydides seine ganze mächtige Seelenkraft der reinen Aufgabe zu widmen erklärte und widmete, die Begebenheit wie das gesprochene Wort um ihrer selbst willen wiederzugeben, da sich der Zauber der erkannten Wahrheit doch wirklich mit keinem andern vergleichen lässt.

c) Sachlicher Zweck des Werkes.

Hält man sich diese Thatsache nur einigermassen gegenwärtig, so wird man einerseits die Schwierigkeit würdigen, welche selbst dieser Genius in der zutreffenden Darstellung

---

[1] Heinrich Nissen, Der Ausbruch des peloponnesischen Krieges. Historische Zeitschrift 1890, Band 63 (neue Folge 27), S. 385—427.
[2] Πολύβιος III, 32, 1.

der Ursprünge eines für die menschheitliche Entwicklung so bedeutenden Ereignisses wie des peloponnesischen Krieges finden musste. Wie wenig hier der Massstab der annalistischen Vollständigkeit angewendet werden durfte, ist auch dem neuesten Kritiker nicht entgangen. Er meint (S. 426): die für ‚das Verständniss‘ so wichtigen Parteikämpfe in Athen vor und zunächst nach dem Ausbruche des Krieges ‚sucht man bei Thukydides vergeblich. Die Angriffe gegen Phidias, Anaxagoras, Aspasia gegen die Finanzverwaltung des Perikles werden mit keiner Silbe erwähnt. Mit welcher Freiheit er seine Aufgabe behandelt hat, lehrt der Umstand, dass der Protagonist ein Jahr vor seinem wirklichen Abgang von der politischen Bühne verschwindet‘. Wohin hätte aber unser Autor gerathen müssen, wenn er die ohnehin schon so schwierige Zusammenfassung der bedeutendsten Ereignisse und entscheidenden Stimmungen um die Zeit des Kriegsausbruches auch noch mit diesen persönlichen Anfeindungen und hier, wie in Sparta und Syrakus, am besten zu vergessenden Gehässigkeiten belastet hätte!

Nicht etwa, als ob auch ich im Entferntesten annehme, der Geschichtschreiber wolle nach dem Ende des ganzen Krieges, nach dem vollen Siege der Spartaner ‚an der Aufrichtung seines Volkes mitarbeiten‘, ‚die Gemüther auf eine neue Erhebung gegen Sparta vorbereiten‘,[1] so dass man in der Weglassung jener Gehässigkeiten einen Fälschungsact zu Gunsten des durch die gänzliche Niederlage ohnehin so schwer gedemüthigten Selbstgefühles des atheniensischen Volkes zu sehen hätte. Hiebei müsste man sich noch vor der zweifellosen Thatsache verschliessen, dass es doch gerade der Eigenliebe oder auch, wenn man es so wenden will, der moralischen Erhebung des tief gefallenen Volkes von Athen gedient haben würde, wenn demselben das tröstliche Bild vorgehalten worden wäre, wie dasselbe nach kurzem Verkennen seinen grössten Staatsmann im Vollbesitze der Macht habe an Krankheit sterben sehen. Ich denke aber, dass Thukydides diesen leicht zu schaffenden Trost aus guten Gründen versagt hat: jeder irgendwie parānetische Zweck liegt als etwas Fremdes, ja Unreines diesem Kunstwerke fern. Nur zweimal äussert er sich über seine rein sachliche Absicht. Er wolle die Pest schildern, um eine actenmässige Kunde zu etwaigem Gebrauche des Lesers niederzulegen,[2] und er wolle die fünfzig Jahre von 480 bis 431 chronologisch genau in einem Excurse (ἐκβολὴ τοῦ λόγου) vorführen, weil dieses Gebiet bisher nur mangelhaft (ἐλλιπές) behandelt worden sei.[3] In diesem Sinne hat er in oder nach dem Jahre 404 in der uns vorliegenden definitiven Einleitung bemerkt, sein Werk werde ‚denen genügen, welche vergangene oder künftige Ereignisse, die nach menschlicher Weise wieder ebenso oder ähnlich eintreten, deutlich zu betrachten für nützlich halten wollen‘.[4] Er bietet mit anderen Worten nur ein Muster dar von wahrer Schilderung eines bedeutenden Lebensabschnittes der Menschheit allen folgenden Geschlechtern als ewigen Besitz (κτῆμα ἐς ἀεί) — wie man nach dreiundzwanzighundert Jahren doch anerkennen sollte.

d) Vergleichung mit Ursprüngen zweier neueren Kriege.

Will man sich vergegenwärtigen, welchen Schwierigkeiten der Schöpfer dieses Kunstwerkes zu begegnen hatte, als er aus der Fülle der Einzelheiten die für den Ausbruch des

---

[1] H. Nissen, S. 421 f.
[2] ... ἀφ᾽ ὧν ἄν τις σκοπῶν εἴποτε καὶ αὖθις ἐπιπέσοι, μάλιστ᾽ ἂν ἔχοι τι προειδὼς μὴ ἀγνοεῖν ταῦτα δηλώσω II, 48, 2.
[3] I, 97, 2.
[4] I, 22, 3. Der kundige Leser möge denn auch meine Auffassung der Stelle neben so vielen anderen prüfen. Von Krüger's Streichung der Worte ἐξήμια κρίνειν αὐτά als ‚lederneem Glossem‘ (in der zweiten Auflage) habe ich, wie man bemerken wird, absehen zu müssen geglaubt.

peloponnesischen Krieges bedeutenden Momente in freier Intuition zu einem Bilde fügte, so wird man sich des einen oder andern für die Menschheit im eminenten Sinne[1] bedeutenden Krieges nach seinen Ursprüngen zu erinnern haben. Da nun klügere Leute als unser Autor und schon im Alterthume, wie man besonders aus Plutarch's Perikles sehen kann, diesen und jenen Rechtshandel als den eigentlichen Anlass des Krieges vorschrieben, so wird man die entsprechenden Analogien betrachten müssen.

Wie lange hat man die Streitigkeiten von Braunau und Klostergrab, dann wieder Bethlen Gabor's Auftreten als den Anlass des dreissigjährigen Krieges betrachtet, obwohl man jetzt allseitig einsehen sollte, dass dieser Wendeprocess einer geschlossenen österreichischen Monarchie aus einer Summe für die Menschheit bedeutender politischer, religiöser und ständisch-socialer Gegensätze hervorgegangen ist, aus deren Conflicten man gewissenhaft zu sichten hat. Und wo liegt der Anlass ($\pi\rho \acute{o}\varphi\alpha\sigma\iota\varsigma$) des Unabhängigkeitskrieges der nordamerikanischen Vereinigten Staaten? Nicht die im siebenjährigen Kriege hart und widerrechtlich gebotene Zollassistenz, nicht die Stempelacte und ihre Milderung, welche nur das principielle parlamentarische Besteuerungsrecht über die autonomen Colonialstaaten sichern, und nicht die Bostonacte, welche Neuenglands Handel ruiniren sollte, haben ihn bewirkt, obwohl sie als äussere Motive ($\alpha\iota\tau\iota\alpha$) seines Ausbruches und hiemit zugleich als gegenseitige Beschuldigungsmomente an erster Stelle stehen. Der nordamerikanische Unabhängigkeitskrieg ist entstanden aus dem unversöhnlichen Gegensatze zwischen der rücksichtslosen Herrschaft der durch die Revolution von 1688 geschaffenen parlamentarischen Mehrheitsherrschaft einer verhältnissmässig kleinen Zahl politisch vollberechtigter Familien des Mutterlandes und der Selbstregierung der unter dem Schutze des stuartischen Königthumes erwachsenen freien Mannigfaltigkeit sich selbst regierender englischer Gemeinwesen der neuen Welt.

Es bedarf wohl nur dieser Blicke auf die beiden Kriege, aus welchen Oesterreich und die Vereinigten Staaten erwachsen sind, um zu erkennen, welch inferiore Bedeutung die bei ihrem Beginne hervortretenden Rechtsstreitigkeiten besitzen. Ich glaube hiebei anführen zu dürfen, dass sie mindestens für den nordamerikanischen Unabhängigkeitskrieg in der Darstellung des Herrn Georg Bancroft — aber keineswegs von Lord Mahon oder Lecky (VI 313 f.), von Hildreth oder Astié oder Laboulaye oder Anderen — auf ihren bescheidenen Werth reducirt sind. Was ähnliche Rechtsstreitigkeiten, Handelsverfügungen u. dgl. für Thukydides bedeuteten, sollte kaum ausgesprochen zu werden brauchen[2] und muss doch hier bei dem jetzigen Stande der Meinungen sogar eingehend erörtert werden.

Als unser Autor den ersten, vor dem Falle Potidäas — wie unten § 3 näher erörtert wird — also wesentlich gleichzeitig geschriebenen Abschnitt von den Ursprüngen des Krieges nach so vielen Jahren mit der definitiven Einleitung zu verknüpfen hatte, hielt er es doch der Mühe werth, diesen Gegensatz des eigentlichen Anlasses ($\pi\rho \acute{o}\varphi\alpha\sigma\iota\varsigma$) und der Motive ($\alpha\iota\tau\iota\alpha$) oder Gründe des Krieges anzudeuten. Als Anlass bezeichnet er den für Sparta als Folge der Furcht vor der Grösse Athens bestehenden Zwang zum Kriege, die sichtbaren Motive und genannten Beschuldigungsgründe wolle er nun folgen lassen. Bei dem neuen Uebergange nach dem Excurse über die Pentekontaëtie nennt er uber „die Korkyräischen

---

[1] Κινήσις γὰρ αὕτη μεγίστη ... ἐγένετο ... ὡς δὲ εἰπεῖν, καὶ ἐπὶ πλεῖστον ἀνθρώπων. 1, 1, 2.
[2] Die πρόφασις wird 1, 23 in diesem nachträglich zu dem ersten Abschnitte geschriebenen Vorworte nur angekündigt: thatsächlich enthält dieser Abschnitt die Conflicte wegen Korkyra und Potidäa.

und Potidäatischen' Verwicklungen als Motive neben den vornehmlich in den Reden vorgeführten ‚Momenten des Anlasses dieses Krieges'.[1]

Nun steht ja überdies die Frage der äussern Schuld an dem grossen Kriege vom Gesichtspunkte des strengen Rechtes aus für die österreichische Regierung bei dem dreissigjährigen und für die parlamentarische Regierung von Grossbritannien bei dem nordamerikanischen Unabhängigkeitskriege weit ungünstiger, als für die Regierung Athens bei dem peloponnesischen. Thukydides ist in der Lage, bei dem Neubeginne des offenen Krieges mit dem Jahre 413 auf authentische Kunde der spartanischen Auffassungen hin zu erklären, dass die Spartaner sich die Schuld des Kriegsbeginnes von 431 beimassen, weil sie sich mit Verletzung einer von Perikles wörtlich citirten[2] Bestimmung des Friedensvertrages von 445 geweigert hatten, dem athenicusischen Verlangen nach rechtlicher Entscheidung wegen des thebanischen Ueberfalles von Platäa zu entsprechen; sie meinten, die Unglücksfälle des archidamischen Krieges durch diesen Frevel auf sich gezogen zu haben und schritten zu dem neuen Kriege erst, nachdem die Athenienser rechtliche Genugthuung für eine ihrerseits begangene notorische Verletzung des nunmehr letzten Friedensvertrages von 421 geweigert hatten. Dieser Krieg endete nun freilich mit dem vollen Siege der Spartaner im Jahre 404, und die Sieger mochten das als Lohn ihrer Vertragstreue betrachten, wie denn der Autor ihrer gläubigen Zuversicht bei Eröffnung des neuen, redlich begonnenen Krieges mit einiger Ironie gedenkt.[3]

e) Thukydides' Ueberzeugung von der Entstehung des Krieges.

Auf Thukydides haben selbstverständlich solche Gewissensscrupel bei Entscheidungen von Staaten, welche ein grosses menschliches Interesse zu vertreten haben, nicht den geringsten Eindruck gemacht. Bei der Erzählung des Ueberfalles von Platäa[4] hatte er nur bemerkt, dass durch denselben der Friedensvertrag sonnenklar gebrochen worden sei.[5] An dieser thatsächlichen Notiz hat er dem auch nichts geändert, als er jenes Schuldgeständniss der Spartaner erfuhr. Ueberdies gibt er seinen Entschluss, von diesen und anderen nebensächlichen Verhandlungen überhaupt nichts sagen zu wollen, deutlich genug zu erkennen, indem er von der athenieusischen Gesandtschaft, welche dem Kriegsbeschlusse in Sparta beiwohnte, nur äussert, dass sie ‚wegen anderer Dinge' ‚zur Erledigung ihrer Aufträge'[6] dort

---

[1] τὴν . . . ἀληθεστάτην πρόφασιν ἀφανεστάτην δὲ λόγῳ Ἀθηναίους ἡγοῦμαι μεγάλους γιγνομένους καὶ φόβον παρέχοντας τοῖς Λακεδαιμονίοις ἀναγκάσαι ἐς τὸ πολεμεῖν· αἱ δ' ἐς τὸ φανερὸν λεγόμεναι αἰτίαι αἵδ' ἦσαν ἑκατέρων I, 23 am Ende. Μετὰ ταῦτα . . . γίγνεται τὰ παραρρηγέντα τά τε Κερκυραϊκὰ καὶ τὰ Ποτιδεατικὰ καὶ ὅσα πρόφασις τοῦδε τοῦ πολέμου κατέστη, I, 118, 1 Die Zusammengehörigkeit beider Stellen scheint bisher nicht bemerkt zu sein.

[2] εἰρημένον γάρ: ὅσαι μὲν τῶν διαφόρων ἀλλήλοις δοῦναι καὶ δέξεσθαι, ἔχειν δὲ ἑκατέρους ἃ ἔχομεν I, 140, 3, von Kirchhoff a. a. O. 1884, 415 f. übersehen. In den folgenden Worten erinnert Perikles auch an die im Texte erwähnte spartanische Ablehnung des Rechtsganges: οὔτε αὐτοὶ δίκας πω ξιτήσαν οὔτε ἡμῶν διδόντων δέχονται.

[3] ἐν γὰρ τῷ προτέρῳ πολέμῳ σφέτερον τὸ παρανόμημα μᾶλλον γίγνεσθαι, ὅτι τε Πλαταιῶν ἦλθον Θηβαῖοι ἐν σπονδαῖς καὶ, εἰρημένον ἐν ταῖς πρότερον ξυνθήκαις ὅπλα μὴ ἐπιφέρειν, ἣν δίκας θέλωσι διδόναι, αὐτοὶ οὐχ ὑπήκουον ἐς δίκας προκαλουμένων τῶν Ἀθηναίων. Νυνμεhr verletzten aber die Athener, durch Angriffe auf Epidauros und Prasiai, sowie durch Plünderungen von Pylos aus, den hierin mit dem von 445 stimmenden Nikiasfrieden von 421 (Kirchhoff a. a. O.) und ἐς δίκας προκαλουμένων τῶν Λακεδαιμονίων οὐκ ἤθελον ἐπιτρέπειν, τοῦτο δὴ οἱ Λακεδαιμόνιοι νομίσαντες τὸ παρανόμημα, ὅπερ καὶ σφίσι πρότερον ἡμάρτητο αὖθις ἐς τοὺς Ἀθηναίους τὸ αὐτὸ περιεστάναι, πρόθυμοι ἦσαν ἐς τὸν πόλεμον, VII, 18.

[4] Ich wende mit Thukydides gelegentlich auch diese singularische Form an.

[5] . . . λελυμένων λαμπρῶς τῶν σπονδῶν II, 7, 1.

[6] πρεσβῶν . . . περὶ ἄλλων παρόντα. — πρέσβυς . . . ἐφ' ἅπερ ἦλθον χρηματίσαντες I, 72, 1; 87, 4 Vgl. im ersten Theile dieser Untersuchung S. 27 f.

weilte. Auch hierin hat man freilich neuerlich eine Fälschung des Thatbestandes oder eine Arglist gesehen.[1]

Zugleich wurde bestritten, dass die oben (S. 6) in anderm Zusammenhange erwähnte Ansicht richtig sei, welche der Autor ausspricht: ‚ich glaube, dass der wahrhaftigste und bei der Verhandlung am wenigsten hervortretende Anlass des Krieges der war, dass die Athener übermächtig wurden[2] und, indem sie den Lakedämoniern Furcht bereiteten, sie zum Kriege nöthigten'. Dann erklärt er ausdrücklich den spartanischen Kriegsbeschluss nicht so sehr aus Ueberredung durch die Bundesgenossen, ‚als weil sie fürchteten, dass die Athener zu noch grösserer Macht gelangten, da sie sahen, dass denselben schon der grössere Theil von Hellas unterthan sei'.[3] Der ersten ganz persönlich gefassten Erklärung folgen die offen ausgesprochenen Kriegsgründe, soweit sie eben für den Zusammenhang erheblich sind: der Eintritt Athens in den Kampf zwischen den nächst ihm selbst bedeutendsten Seemächten Korinth und Korkyra und die das athenicnsische Reich bedrohenden thrakisch-makedonischen Bewegungen mit dem Kampfobjecte Potidäa; von Platää und Megara ist dabei nicht die Rede. Wir dürfen wohl annehmen, dass Thukydides besser als wir über die Auffassungen der Spartaner instruirt war, wenn auch neuerlich einerseits gesagt worden ist, dass die Spartaner ‚wirklich nur friedliebend' waren, aber doch ‚Böoter und Peloponnesier in preiswürdigster Weise das Schwert gezogen haben, um die gemeinsame Freiheit gegen die drohende Herrschaft Athens zu vertheidigen'.[4]

§ 2. Angebliche Fälschungen über Italien und Sicilien.

Nun erst können wir zu der Frage übergehen, ob der nach den bisherigen Ausführungen doch wohl als hinlänglich frei, unbefangen und wahrheitsgemäss mit seinem uns überwältigend scheinenden Materiale schaltende Autor irgend Grund zu dem gegen ihn ausgesprochenen Verdachte der Fälschung, ob auch aus athenicnsischem Patriotismus, biete. Die Klage lautet: ‚Thukydides bemüht sich mit Erfolg, den Zusammenhang der Verwicklung im Westen mit der Verwicklung im Mutterlande zu verdunkeln. Nur beiläufig (I, 36, 2; 44, 3) erwähnt er, dass die günstige Lage Korkyra's für die Fahrt nach Italien die Athener zum Bündniss mitbestimmt habe. Er verschweigt die Sendung der Strategen nach Westen und die in Folge derselben abgeschlossenen Verträge'; ‚er berichtet (II, 7, 2) 431 von den Rüstungen der sicilischen Städte, schliesst dieselben jedoch von dem gleich darauf (Kap. 9) folgenden Verzeichnis der Bundesgenossen aus'.[5]

a) Prüfung der Quellennachrichten.

Um die in solchen grossen Fragen der Historiographie besonders unerfreuliche Polemik zu erleichtern, will ich die angebliche Strategensendung nach dem Westen gesondert im folgenden Paragraphen behandeln, sammt den angeblich durch dieselben abgeschlossenen Verträgen. Vor Allem ist aber doch zu bemerken, dass die drei angeführten Stellen einen durchaus andern Sinn haben, als man nach dem Wortlaute und Zusammenhange der Anklage annehmen kann.

---

[1] H. Nissen 425.
[2] Weidner, Giessener Gymnasialprogramm 1875, proponirte und Steup II, 2 billigte für μεγάλους γιγνομένους: γιγνομένους, ich glaube nicht passend.
[3] I, 23 am Ende.
[4] Heinrich Nissen a. a. O. 425.
[5] A. a. O. 423.

Denn an den beiden ersten Stellen wird die topische Wichtigkeit des korkyräischen Bundes für Athen zuerst von den korkyräischen Gesandten in Athen und dann in Wiedergabe der Entscheidungsgründe Athens für den Bundesschluss mit dem Inselstaate von dem Autor erörtert. Das sind nun, wie doch wohl im ersten Theile dieser Untersuchungen zur Genüge dargethan sein dürfte, zwei durchaus verschiedene und gleichmässig authentische Darstellungen. Keines von beiden urkundlichen Referaten gibt aber des Autors eigene Ansicht. Thukydides dürfte nach all den Schändlichkeiten der Parteikämpfe auf Korfu während des Krieges, wie nach dem geringen Werthe der freilich zahlreichen Flotte des Inselstaates[1] schwerlich den Abschluss dieses Bundes für eine besonders kluge Handlung athenischer Politik gehalten haben, wenn er auch die Bequemlichkeit der Station Korfu für das von ihm, wie wir sahen,[2] grundsätzlich gebilligte sicilische Abenteuer von 415 nicht unterschätzte. Aber, wie gesagt, an beiden hier in Betracht kommenden Stellen lässt er seine eigene Meinung gar nicht erkennen oder doch nur durch ironische Wiedergabe der fremden vermuthen.

Nun heben die Korkyräer mit Entstellung der noch friedlichen Sachlage hervor, dass ‚bei dem bevorstehenden und fast schon ausgebrochenen Kriege‘[3] mit Sparta für Athen der Bund mit ihrer Insel unendlich werthvoll (μετὰ μεγίστων καιρῶν) sei. Zur Bekräftigung führen sie dann an: ‚denn sie liegt einestheils günstig für die Fahrt nach Italien und Sicilien — so dass man von dort keine Flotte den Peloponnesiern zuziehen lassen, aber die unsrige dorthin Begleitung leisten kann — anderseits ist sie auch in allen anderen Beziehungen höchst zuträglich‘.[4] Hierauf rühmen sie ihre eigene Flotte als die neben der athenischen und korinthischen allein nennenswerthe griechische Seemacht,[5] wie sie denn damals wirklich hundert und zwanzig Trieren zählte.[6] Der vorangehende, uns hier interessirende Satz gibt zu verstehen, dass die Korkyräer die Herren des jonischen Meeres und im Stande seien, ganz nach ihrem Belieben die Schiffahrt nach dem Westen zu hemmen oder zu fördern — was wiederum der Wahrheit nicht entspricht.

Der von den Atheniensern, nach einer die korinthischen Gegenargumente würdigenden Erwägung, in einer zweiten Volksversammlung am folgenden Tage bewilligte Bundesschluss mit Korkyra wird dann folgendermassen erklärt: ‚Denn der Krieg gegen Peloponnesier schien ihnen ohnehin zu kommen (καὶ ὡς ἐσόμενα), und Korkyra, das eine so grosse Seemacht habe, wollten sie den Korinthern nicht preisgeben, sondern Beide mit einander so viel als möglich verfeinden, damit sie, wenn es einmal nöthig werde, mit schwächer gewordenen Korinthern wie sonstigen Seemächten den Krieg aufzunehmen hätten; zugleich schien ihnen ferner auch die Insel zur Fahrt nach Italien wie nach Sicilien günstig zu liegen‘.[6] Das ist nun eine keineswegs achtungsvolle Zusammenfassung der Motive des athenischen Volkes, wenn auch sichtlich genau wiedergebend, was in der Volksversammlung von den Reden besondern Eindruck machte und als wirksam für den Beschluss angesehen

---

[1] ἦ καὶ μᾶλλον ἐξηρτύοντο τὸ ναυτικὸν καὶ ἦσαν οὐκ ἀδύνατοι· τριήρεις γὰρ εἴκοσι καὶ ἑκατὸν ὑπῆρχον αὐτοῖς, ὅτε ἤρχοντο πολεμεῖν heisst es ganz treffend in der Einleitung I, 25 am Ende.

[2] Vgl. S. 14 f. im ersten Theile.

[3] ... ἐς τὸν μέλλοντα καὶ ὅσον οὐ παρόντα πόλεμον, I, 36, 2.

[4] Τῆς τε γὰρ Ἰταλίας καὶ Σικελίας καλῶς παράπλου κεῖται, ὥστε μήτε ἐκεῖθεν ναυτικὸν ἐᾶσαι Πελοποννησίοις ἐπελθεῖν, τό τε ἐνθένδε πρὸς τἀκεῖ παραπέμψαι· καὶ ἐς τἆλλα ξυμφορώτατόν ἐστιν. I, 36, 3.

[5] I, 25 am Ende.

[6] ... ἵνα ἀσθενεστέρῳ ὄντι, ἤν τι δέῃ, Κορινθίοις τε καὶ τοῖς ἄλλοις τοῖς ναυτικὸν ἔχουσιν, ἐς πόλεμον καθίστωνται· ἅμα δὲ τῆς τε Ἰταλίας καὶ Σικελίας καλῶς ἐφαίνετο αὐτοῖς ἡ νῆσος ἐν παράπλῳ κεῖσθαι, I, 44 am Ende.

werden konnte. Die ‚günstige Fahrt nach Italien und Sicilien‘ scheint nächst der lockenden Drohung mit dem unvermeidlichen Kriege aus dem Vortrage der Korkyräer allein eine bleibende Vorstellung bei der Masse der Athener hinterlassen zu haben. Wer wird aber hiebei an ein anderes als ein mercantiles Interesse denken, wenn er den Worten nicht Gewalt anthun will!

Noch bleibt fraglich, wie sich Perikles zu dieser, auf täuschende Voraussetzungen und arglistige Erwartungen hin geschlossenen, Epimachie mit Korkyra verhalten habe. Aus Thukydides gewinnt man eher den Eindruck, dass der wichtige Beschluss ohne sein Eingreifen gefasst wurde; nur aus unsrem Autor hat auch Plutarch seine Nachrichten über die Verhandlung geschöpft und irriger Weise, weil er es eben für selbstverständlich hielt, Perikles' Namen als des eigentlichen Veranlassers dieses Bundes hinzugefügt.[1]

Endlich ist noch die dritte Stelle (II, 7, 2) zu erörtern. Hier ist um freilich ‚von den Rüstungen der sicilischen Städte‘ die Rede, auch wahr, dass der Autor ‚dieselben von dem Verzeichnisse der Bundesgenossen im neunten Kapitel ausschliesst‘. Allein beide Male ist nur von der spartanischen Symmachie die Rede; bei den von den Lakedämoniern in ‚Italien und Sicilien je nach der Grösse der Städte auferlegten‘ und bis zum Jahre 413 niemals erfüllten Leistungen ‚an Schiffen und Geldbereitschaft‘ macht das Referat den Eindruck puren Hohnes. Die Ironie in der Matrikelzahl von fünfhundert Schiffen hat man längst bemerkt;[2] aber stärker ist doch die Aufforderung des Vorortes ‚das verabredete Geld bereit zu halten, im Uebrigen sich bis auf Weiteres ruhig zu halten und etwa mit einem Schiffe erscheinende Athener zuzulassen‘;[3] man kann hier doch nur an ein athenisches Kriegsschiff denken, und dass eine grössere Zahl von solchen, von der noch zu besprechenden Gründung Thurii's abgesehen, überhaupt noch nicht im Westen bis zu diesem Frühling des Jahres 431 erschienen war.

b) Die Bündnisse westgriechischer Staatengruppen mit dem Mutterlande.

Wie man sieht, war eine uns nicht bekannte, wahrscheinlich nur dorische Anzahl von Städten in Sicilien und Italien zum formellen Anschlusse an die spartanische Symmachie derart gebracht worden,[4] dass sie sich für den Kriegsfall nicht nur zu bestimmten Zahlungen, sondern auch zur Stellung von Kriegsschiffen — nach sicilischer Angabe: zweihundert — verpflichtet hatten, ohne doch, so viel man sieht, berechtigt zu sein, mit den peloponnesischen Bundesgenossen auf dem Hellenion vor der Entscheidung der spartanischen Landsgemeinde zu berathen. In unsres Geschichtschreibers Augen sind aber diese Verab-

---

[1] Κερκυραίους ... ἐπιμαχίαν ... ἐποιήσαντο ... ἰδόκει γὰρ ὁ πρὸς Πελοποννησίους πόλεμος καὶ ὣς ἔσεσθαι αὐτοῖς καὶ τὴν Κέρκυραν ἐβούλοντο μὴ προέσθαι ... ναυτικὸν ἔχουσαν τοσοῦτον. Thuc. I, 44. Κερκυραίους ... ἔπεισε (Perikles) τὸν δῆμον ἀποστεῖλαι βοήθειαν καὶ προσλαβεῖν ἐρρωμένην ναυτικῇ δυνάμει νῆσον, ὡς ὅσον οὐδέπω Πελοποννησίων ἐκπεπολεμένων πρὸς αὐτούς. Plut. Per. 29. „Nachdrücklich bezeugt" ist das also keineswegs mit Nissen a. a. O. 390, sondern nur eine irrige Schlussfolgerung. Im Uebrigen hebt Nissen 126 mit Recht sechs Stellen derselben Biographie hervor, in welchen Plutarch sich bewusst auf die Einstimmigkeit der andern Ueberlieferung im Gegensatze zu Thukydides beruft — gleich den Neueren meist irrig.

[2] Vgl. Classen zu der Stelle.

[3] ... ὡς ἐς τὸν πάντα ἀριθμὸν πεντακοσίων τούτων ἐτοιμάτων καὶ ἀργύριον ῥητὸν ἐτοιμάζειν, τὰ τ' ἄλλα ἡσυχάζοντας καὶ Ἀθηναίους δεχομένους μιᾷ νηὶ ἕως ἂν ταῦτα παρασκευασθῇ, II, 7, 2. Nach Diodor (XII, 41) freilich nur: τοὺς κατὰ τὴν Σικελίαν καὶ Ἰταλίαν διατεπραγμένους (ohne Verträge?) διακοσίας τριήρεσιν ἕκαστον (?) βοηθεῖν.

[4] Zum Sommer 427 wird freilich bemerkt: Σύμμαχοι δὲ τοῖς μὲν Συρακοσίοις ἦσαν πλὴν Καμαριναίων αἱ ἄλλαι Δωρίδες πόλεις αἵπερ (das passt nicht genau zu II, 7, 2) καὶ πρὸς τὴν τῶν Λακεδαιμονίων τὸ πρῶτον ἀρχομένου τοῦ πολέμου ξυμμαχίαν ἐτάχθησαν (doch nicht ohne vorgängige Verhandlungen?), οὐ μέντοι ξυνεπολέμησάν γε, III, 86.

rednngen jedes reellen Hintergrundes bar; die Aufmalmmg des Vorortes behandelt er nur scherzhaft, wie sie ja in der That wirkungslos blieb.

Von dem etwa auch für den Krieg geltenden Vertragsverhältnisse Athens zu sicilischen und italischen Staaten spricht unser Autor, wie hiernach selbstverständlich, überhaupt nicht, weil von Seiten Athen's Kriegsschiffe nicht verlangt, auch demselben, so viel man weiss, von keinem dieser westlichen Gemeinwesen angeboten wurden. Wie Thukydides überall nur das Wesentliche, für das Verständniss des Zusammenhanges oder für die Aufklärung über die politische Vergangenheit der Hauptstaaten Bedeutende mittheilt, so lässt er alle Colonisations- und Vertragsexperimente im Westen und namentlich mit den überseeischen Stammgenossen in Italien und Sicilien unerwähnt, bis dieselben im Jahre 427 durch Absendung einer ersten maritimen Kriegsmacht in diese fernen Lande eine actuelle Bedeutung für Politik und Krieg der Hauptmächte gewinnen.

c) Thukydides' Spott über Gorgias' Gesandtschaft.

Es wird der Hilfsbitte von Leontinoi und dessen Verbündeten, welche der bei Thukydides nicht genannte Philosoph Gorgias angeblich sehr wirksam vortrug, mit der doppelten seltsamen Begründung gedacht, dass sich die Gesandtschaft auf eine 'alte Bundesgenossenschaft' und gemeinsame jonische Abkunft berufen habe.[1] Wir werden aber weiter belehrt, dass weder alte Verträge noch 'jonische' Brüderschaft bei der Entscheidung der Athenienser in Betracht kam: 'die Schiffe schickten sie unter dem Vorwande der Verwandtschaft; sie wollten aber die Getreidezufuhr nach dem Peloponnes verhindern, zugleich einen vorläufigen Versuch machen, ob es ihnen möglich sei, die sicilischen Angelegenheiten unter ihre Botmässigkeit zu bringen'. Auch hier haben wir wieder einen actenmässigen Auszug durchaus urkundlichen Werthes aus den Verhandlungen der Volksversammlung und die Ansicht des Autors nur in der heitern Wiedergabe des Herganges.

Es leuchtet wohl ein, wie gänzlich irrelevant es bei diesem Sachverhältnisse erscheint, ob die in der Hilfsbitte der Alliirten von Leontinoi im Jahre 427 erwähnte 'alte Bundesgenossenschaft' nur rhetorisch als eine ideelle gemäss der Blutsverwandtschaft zu verstehen sein soll oder auf wirklich geschlossene Verträge zurückgeht. Aber ich denke auch nicht, dass nach Allem, was wir unsres Autors Auffassungen über das Verhältniss der spartanischen wie der athenienischen Symmachie zu den Coloniallanden im Westen zu entnehmen hatten, das anklagende Wort wiederholt werden dürfte: 'was wir urkundlich wissen, durfte Thukydides' Leser beileibe nicht erfahren'. Nun ist ja richtig, dass wir Bruchstücke eines nach den Buchstabenresten um 450 v. Chr. geschriebenen Vertrages von Athen 'mit Egesta und anderen sicilischen Städten' besitzen, dazu die später zu besprechenden Bündnissurkunden eben mit Leontinoi und mit Rhegion aus Apseudes' Archontat von 433/32. Von diesen kann man freilich mit Recht sagen, dass der „Ausdruck „alte Bundesgenossenschaft" nicht verräth, dass sie erst vor fünf Jahren geschlossen wur-

---

[1] ... κατὰ παλαιὰν ξυμμαχίαν καὶ ὅτι Ἴωνες ἦσαν πείθουσι τοὺς Ἀθηναίους πέμψαι σφίσι ναῦς, III, 86, 2. Ἢν δὲ τῶν ἀποστελμένων ἀρχιπρεσβευτὴς Γοργίας ὁ ῥήτωρ . . . πείσας τοὺς Ἀθηναίους συμμαχῆσαι τοῖς Λεοντίνοις. Diodor XII, 53.

[2] ... ναῦς . . . Ἔπεμψαν οἱ Ἀθηναῖοι τῆς μὲν οἰκειότητος προφάσει, βουλόμενοι δὲ μήτε σῖτον ἐς τὴν Πελοπόννησον ἄγεσθαι αὐτόθεν, πρόπειράν τε ποιούμενοι — es ist eben der erste Vorversuch — εἰ σφίσι δυνατὰ εἴη τὰ ἐν τῇ Σικελίᾳ πράγματα ὑποχείρια γενέσθαι, a. a. O. Nur die Herrschaftsabsicht und diese nicht genau bringt das Excerpt bei Diodor XII, 54: πρόφασιν μὲν φέροντες τὴν τῶν συγγενῶν ὠφελειαν καὶ ὄψησιν, τῇ δ' ἀληθείᾳ τὴν νῆσον σπουδάζοντες κατακτήσασθαι.

den'.[1] Die Leontinische Gesandtschaft hatte aber, mit oder ohne Gorgias' Rede, eben erst im Jahre 427 wirksam werdende Bündniss in Athen geschlossen und unmöglich auf neuerliche, wie die Thatsachen doch genügend zeigen, beiderseits wirksam gebliebene Verträge berufen können. Unsres Autors ironisches und d. nachfolgende Motivirung der wirklichen Gründe Athens für den Abschluss vollends zeichnetes urkundliches Referat der Schlagworte aus der Gesandtenrede „altes B jonische Blutgemeinschaft", erhält wohl hiedurch seine genügende Lösung.

d) Die Bedeutung der Gründung von Thurii.

Demnächst bleibt zu untersuchen, ob es begründet ist, anzunehmen, unser Autor sei es um Perikles zu schonen, sei es nun den seit dem Jahre 405 zur Herrschaft Syrakus gelangten Dionysios auf athenienische Seite zu ziehen," in seiner schlechten, nur das Wesentliche ins Auge fassenden und rein annalistischen Darstellung der fünfzig vor dem peloponnesischen Kriege „die Gründung von Thurii übergangen". Nun is dortige Colonisation mit ihren nach attischem Muster zehn, nach ihren Namen Hellenische umfassenden Phylen allerdings unter dem Schutze einer attischen Exped von zehn Schiffen" und mit attischer Betheiligung vollzogen worden.

Aber ich kann nicht finden, dass hier ein Act vorliege, der irgendwie mit den ant Eroberung westeuropäischer und afrikanischer Gebiete abzielenden Unternehmungen von 427 und vollends von 415 verglichen werden könnte. Thukydides' Schweigen über alle derartige Tendenzen perikleischer Politik bestätigt durchaus das Urtheil, welches Plutarch uns geringeren Autoren herübernahm, dass er nur Expeditionen an die westgriechischen, thrakischen und pontischen Küsten zur Erweiterung attischer Reichsmacht unternahm und billigte, allen anderen aber entgegentrat. Neben der von Vielen begehrten Wiederaufnahme der Eroberung Egyptens wird hier besonders „die unglückliche Leidenschaft nach Sicilien" und „der Traum des Besitzes von Tyrrhenien und Karthago" genannt. „Perikles hielt solche Ausschweifung zurück, schnitt die Vielgeschäftigkeit ab und wendete die Machtmittel vornehmlich auf Wahrung und Sicherung des vorhandenen Besitzes." Ganz unbefangen hat in diesem Sinne Plutarch vorher die Colonisation von Thurii mit der Aussendung von unbemittelten attischen Bürgerfamilien als Garnisonen auf der Chersones, Naxos, Andros und im thrakischen Bisaltenlande zusammengestellt wiedergegeben; hier auf italischem Boden haben die attischen Mitansiedler nun freilich den Zweck, als Garnison Unruhen zu verhindern,[5] nicht erfüllen können.

---

[1] Bei H. Nissen a. a. O. 423, 392. S. 391 wird doch der anmuthigen und in der Thukydides-Literatur sonst kaum beachteten Abhandlung von Hans Droysen, Athen und der Westen vor der sicilischen Expedition (Berlin 1882) ihr Recht zu Theil. Die Handelsbeziehungen und auch die an den Nichtgriechen, namentlich zu den Messapiern, findet man hier bestens erörtert.

[2] H. Nissen a. a. O. 424. Auch Hermokrates, „der Vorgänger und Schwiegervater des Dionys", wird hiebei erwähnt, man sieht nicht, ob um ähnlicher angeblicher Rücksichtnahmen willen.

[3] ... δέκα (etwa auch diese nach den Phylen?) ναῦς πληρώσαντι ἀπέστειλαν τοῖς Συβαρίταις ὡν ἐγένετο Λάμπων τε καὶ Ξενόκριτος. Diodor. Sic. XII, 10.

[4] Τἆλλα οὖ συνεχώρει ταῖς ὁρμαῖς τῶν πολιτῶν ... Πολλοὶ δὲ καὶ Σικελίας ὁ ... δύσποτμος ἔρως εἶχεν ... Ἦν δὲ καὶ Τυρρηνία καὶ Καρχηδὼν ἐνίοις ὄναρος ... Ἀλλ' ὁ Περικλῆς κατεῖχε τὴν ἐκδρομὴν ταύτην καὶ περιέκοπτε τὴν πολυπραγμοσύνην καὶ τὰ πλεῖστα τῆς δυνάμεως ἔτρεπεν εἰς φυλακὴν καὶ βεβαιότητα τῶν ὑπαρχόντων. Plut. Perikles 20 und 21.

[5] Ἄλλα δ' εἰς Ἰταλίαν, οἰκιζομένης Συβάρεως, ἣν Θουρίους προσηγόρευσαν. Καὶ ταῦτ' ἔπραττεν ἀπακουφίζων μὲν ἀργοῦ ... ὄχλου τὴν πόλιν, ἐπανορθούμενος δὲ τὰς ἀπορίας τοῦ δήμου, φόβον δὲ καὶ φρουρὰν τοῦ μὴ νεωτερίζειν τι παρακατοικίζων τοῖς συμμάχοις. Ebendas. 11 am Ende.

Schon bei dieser plutarcheïschen Zusammenstellung und noch viel mehr in den Auffassungen der Neueren ist aber übersehen, dass die attische Betheiligung Athens an der Thurii genannten Neugründung von Sybaris ein Act der Grossherzigkeit war, zur Beschämung und keineswegs zur Benachtheiligung Spartas. Dieser Staat versagte eben den Nachkommen der Sybariten die Hilfe, welche sie hierauf in Athen fanden. Mit freier Werbung, vornehmlich im Peloponnes, lud dieses zur Theilnahme an der Neugründung, welche keineswegs in dem Sinne eines Pietätsverhältnisses zu Athen erfolgte; die Colonisten haben vielmehr mit baldiger Beseitigung der Sybariten, im Bunde mit Kroton und in bald ausbrechendem entscheidungslosen Kriege mit Tarent die Forderung der aus Attika gekommenen Colonisten nach Vorrang durch einen delphischen Spruch beseitigt, welcher Apollo als Gründer der Stadt zu verehren befahl.[1] Athen hat von dieser förmlichen Absage keine Notiz genommen. Als aber Alkibiades mit den attischen Bürgern, welche sein Schicksal zu theilen vorgeladen waren, im Gefolge der ihn zur Aburtheilung nach der Heimat führenden Staatstriere auf seinem eigenen Schiffe im Jahre 415 dort landete, fanden er und seine Genossen Gelegenheit, sich in der Stadt zu verbergen und so der Verfolgung zu entgehen. Man wird annehmen dürfen, dass es atheniensische Colonisten oder ihre Nachkommen waren, welche den bedrängten Landsleuten diesen Liebesdienst erwiesen,[2] ohne hiebei von ihren gleichberechtigten Mitbürgern gestört zu werden.

Wie hätte Thukydides von dieser Neugründung in Unteritalien bei seiner gedrängten, nur durch Ungenauigkeiten früherer Bearbeiter veranlassten annalistischen Uebersicht der Begebenheiten in den letzten Jahrzehnten vor dem peloponnesischen Kriege Nachricht geben können? Er hat ja selbst die damaligen grossen Anstrengungen des attischen Staates an den pontischen Küsten, speciell um Sinope[3] mit keinem Worte erwähnt, obwohl er doch (II, 97) die Machtentfaltung eines ihm freilich nach seiner Abkunft näher bekannten thrakischen Königreiches an den dortigen Westküsten ziemlich eingehend zur Situationsschilderung unter den Begebenheiten des Jahres 429 zeichnet.

§ 3. Die angebliche Expedition nach Italien im Jahre 433/32 v. Chr.

a) Thukydides' Quellen über die korkyräische Expedition.

Ueber die infolge des neuen Defensivbündnisses mit Korkyra nach den dortigen Gewässern gesendete Expedition liegen zwei urkundliche Berichte vor.

Der eine, auszugsweise bei Thukydides vorliegende, setzt sich aus mehreren officiellen Acten und aus mündlichen Ergänzungen derselben zusammen, deren Ausscheidung wohl kaum ganz gelingen wird. Wie die Aufzeichnung vorliegt, als Theil der aufs engste zusammenhängenden Kämpfe der Korkyräer und Korinther einerseits (I, 45—56) und der Geschichten des Abfalles von Potidaia andererseits (I, 56—67),[4] d. h. der beiden früher (S. 6)

---

[1] Diodor XII, 10, 11, 23, 35.
[2] Unser Autor behandelt die Sache mit grosser Discretion, so dass kein Bürger von Thurii compromittirt wird: ἀπελθόντες ἀπὸ τῆς νεὼς οὗ φανεροὶ ἦσαν. οἱ δ' ἐκ τῆς Σαλαμινίας τέως μὲν ἐζήτουν τὸν Ἀλκιβιάδην καὶ τοὺς μετ' αὐτοῦ· ὡς δ' οὐδαμοῦ φανεροὶ ἦσαν, ᾤχοντο ἀποπλέοντες VI, 61 am Ende.
[3] Plutarch Perikles 20.
[4] I, 24 bis 45 bildet hiezu die Einleitung des Kampfes im Westen mit der deutlichen Scheidung der von Korkyräern und Korinthern, von c. 32 an, vor dem Volke Athens entwickelten Motive; der Abschluss erfolgt nach dem Redekampfe in Sparta, der zur Kriegserklärung zwischen den Hauptmächten führt (I, 67—88) und seinerseits wieder durch die Vorträge der Korinther und Athener bis Kap. 79 und die dann folgenden Reden und Entschliessungen der Spartaner in zwei Theile

erwähnten Momente, welche den Kriegsausbruch neben hiebei nicht erwähnbaren secundären gegenseitigen Beschwerden bewirkten, kann sie als bald nach der Eröffnung der Feindseligkeiten zwischen Athen und Sparta geschrieben angesehen werden, nach Thukydides' Versicherung im jetzigen ersten Satze des Werkes: ‚er fing an, als der Krieg begann'.[1] Denn es ist mit Recht bemerkt worden,[2] dass der Satz (I, 56): ‚die Potidaiaten wohnen auf dem Isthmus von Pallene' unmöglich nach der Vertreibung der dortigen Bewohnerschaft im Winter von 430 auf 429 geschrieben sein könne; man kann hinzufügen, dass die erwähnte Localbeschreibung, obwohl sich auch manche andere überflüssig scheinende in dem Werke finden, kaum mehr am Platze war, als die lange und heldenmüthige Vertheidigung der Stadt sie bekannt genug gemacht hatte. Auf alle Fälle kann diese ganze Schilderung der Kriegsursprünge, das früheste auf uns gekommene Stück thukydideischer Historiographie und ein edles Zeugniss der Geisteskraft des noch jungen Verfassers, als innerhalb der Jahre 431 und 430 geschrieben bezeichnet werden.

Die officiellen Stücke des hier vorliegenden Berichtes, soweit sie auf die erste athenensische Expedition nach Korkyra gehen, setzen sich vornehmlich aus zwei Vorlagen zusammen. Die erste ist die Instruction der Commandirenden; diese war in dem ordnungsmässig von ‚Rath und Volk' gefassten Beschlusse der Absendung von ‚zehn Kriegsschiffen zum Schutze' der Insel enthalten. Sie lautete dahin: sich nicht auf einen Seekampf mit den Korinthern einzulassen, wenn diese nicht unmittelbar gegen Korkyra selbst oder Besitzungen dieses Staates fahren und eine Landung unternehmen wollen, in diesem Falle aber nach Kräften zu hindern. Nach einer von unserem Autor hinzugefügten Bemerkung sollte man fast annehmen, dass in dem Beschlusse irgendwie eine warnende Clausel gegen den Bruch des Friedensvertrages mit dem peloponnesischen Bunde von 445 aufgenommen war.[3] Man begreift, wie schwierig die Aufgabe war und dass aus gutem Grunde der kleinen Streitmacht nicht weniger als drei zu höchsten Commandos berechtigte Befehlshaber vorgesetzt wurden. Diese scheinen sich denn auch ihrer ganzen Verantwortlichkeit bewusst gewesen zu sein: nur vereinigt, wohl nach ihrer diese Collegialität einschärfenden Instruction fassten sie Beschlüsse. Unter ihnen wird an erster Stelle, auch in der später zu erörternden financiellen Inschrift, ein altadeliger Herr genannt. Kimon's Sohn, welcher die Absicht, die bestehenden Verträge nicht zu verletzen, durch seine Herkunft und durch seinen Namen Lakedaemonios einigermassen illustrirte. Demgemäss enthielten sich die Strategen, als sie mit dem rechten Flügel der korkyräischen Aufstellung zum Kampfe von Sybota auszogen,

---

zerfällt. Auch hier ist das früher (I. Theil, S. 13, Anm. 1) besprochene äusserliche Ebenmass der Anordnung neben dem innern gewahrt und eine Art Drama in historischer Form geliefert. Wie diesem viertheiligen ersten Abschnitte der zweite, ebenfalls viertheilige gegenüber steht, wird später gezeigt.

[1] ἀρξάμενος εὐθὺς καθισταμένου (τοῦ πολέμου). Ausser der im Texte und in der folgenden Anmerkung citirten Stelle über die Potidaiaten (I, 56) bleibt auch (I, 47 am Ende) zu erwägen; οἱ γὰρ ταῦτα ἐχαιρέτω ἐπὶ σφᾶς αὐτοὺς ἰέναι, nämlich den Korinthern. Das dürfte kaum für eine spätere Zeit des peloponnesischen Krieges zutreffen, vollends nicht nach dem Ende desselben, obwohl die Korinther im Winter von 426/25 nach dem hundertjährigen Friedensschlusse in Akarnanien (III, 114) noch einmal Garnison nach Ambrakia brachten.

[2] Steup, Thukydideische Studien II, 35. Derselbe schliesst II, 31 die freilich unzweifelhafte Thatsache, dass Thukydides ‚nicht dazu gekommen sei, sein Werk einer Revision zu unterziehen', aus dem eigenthümlich unfertigen Charakter dieses Anfanges der potidaiatischen Kämpfe I, 56 bis 68. Es ist aber sehr zu bezweifeln, dass der Autor jemals diese so sprechende und gedrungene Schilderung wegen ihrer spröden Form geändert haben würde, welche eher mangelnde Feilung verräth.

[3] ὅπως ναῦς αὐτοῖς (τοῖς Κερκυραίοις) ἀπιστίαν βοηθούς ἐστρατήγει δὲ αὐτῶν: folgen die Namen. Προεῖπον δὲ αὐτοῖς (τοῖς στρατηγοῖς) μὴ ναυμαχεῖν Κορινθίοις, ἢν μὴ ἐπὶ Κέρκυραν πλέωσι καὶ μέλλωσιν ἀποβαίνειν ἤ (hier fehlt wohl ein Zwischensatz des Decretes) ἐς τῶν ἐκείνων τι χωρίον (χωρίων wieder bei Stahl). Οὕτω δὲ κωλύειν κατὰ δύναμιν. Προεῖπον δὲ ταῦτα τοῦ μὴ λύειν ἕνεκα τὰς σπονδάς I, 45.

POESIE UND URKUNDE BEI THUKYDIDES. 15

zunächst der Theilnahme am Gefechte. Die Gegenwart der attischen Schiffe flösste freilich dem ihnen gegenüber kämpfenden, ausschliesslich von korinthischen Schiffen gebildeten linken Flügel der Gegner sofort Besorgniss ein; sie waren eben nach der Instruction gehalten, nur einzugreifen, wenn die Korinther in die Lage kämen, durch Bewältigung der Korkyräer auf deren Insel oder Gebiet zu landen. Die Strategen fassten das dahin, mit ihrer Action warten zu wollen, bis ihre neuen Bundesgenossen ‚in Bedrängniss kämen' (πιέζοιντο), ‚weil sie den bestimmten Befehl ihrer Staatsregierung fürchteten'.¹ Die ‚Bedrängniss' trat bald ein; die Athener leisteten unbedenklich Hilfe (ἀπροφασίστως ἐπεκούρουν) nur Anfangs noch mit Vermeidung offensiver Bewegungen. Wie sehr sie im Sinne ihrer Instruction gehandelt hatten, zeigte die Ankunft von zwanzig weiteren attischen Kriegsschiffen unter zwei wenn nicht ebenfalls drei weiteren Strategen,² zwar erst nach dem Ende des Gefechtes, aber doch noch früh genug in Sicht gekommen, um die Korinther zum Abbrechen des Kampfes zu bewegen. Auf die Vorwürfe einer korinthischen, von einem Kahne aus die Athener als vertragsbrüchig warnenden Abordnung erwidern diese, d. h. die nun wohl fünf Strategen nach Ablehnung des Vorwurfes, den Frieden gebrochen zu haben, wieder mit den höflich gemilderten Worten ihrer Instruction: ‚wenn ihr gegen Korkyra schiffen wollet oder eine diesem gehörige Besitzung, so werden wir nach Möglichkeit darauf achten'.³

Die Worte dieser auch von der korkyräischen Flottenmannschaft gehörten⁴ korinthischen Ansprache und athenieusischen Erwiderung dürften in der Relation der Strategen genau genug wiedergegeben und ihr in der uns vorliegenden authentischen Form entnommen sein; wie weit diese Relation sonst neben mündlichen Mittheilungen von Theilnehmern für unsres Autors Bericht über den Hergang der Schlacht von Sybota benutzt worden ist, wage ich, wie gesagt, nicht festzustellen. Immerhin fällt auf, dass Thukydides von korinthischer Seite für diese Vorereignisse des grossen Krieges nicht mehr bringt, als bei noch dauerndem Friedenszustande jeder Neugierige in dem nahen Athen erfahren konnte.

b) Zeitgenössische Auffassungen über die korkyräische Frage.

Wie rasch aber das Interesse an diesem ganzen korinthisch-korkyräischen Streite bei den Hauptmächten verschwand, zeigt wohl am besten die folgende Thatsache. Wie oben (S. 10) bemerkt wurde, ist Perikles in Thukydides' Darstellung bei dem Bunde mit Korkyra unbetheiligt; aber in Perikles' das athenieusische Volk zum unerwünschten Kriege gegen Sparta mahnender Rede wird dieses Bundes und seiner so offenbaren Folgen mit keinem Worte gedacht; kann dass man in dem Vorwurfe, wie die Spartaner jeden nach Vorschrift des Vertrages von 445 angebotenen Rechtsgang⁵ ablehnen, und in der stolzen Hervorhebung

---

[1] ταραχώδης ἦν ἡ ναυμαχία, ἐν ᾗ αἱ Ἀττικαὶ νῆες παραγιγνόμεναι τοῖς Κερκυραίοις, εἰ πῃ φόβον μὲν παρεῖχον τοῖς ἐναντίοις, μάχης δὲ οὐκ ἦρχον, δεδιότες οἱ στρατηγοὶ τὴν πρόρρησιν τῶν Ἀθηναίων, I, 49, 3.

[2] B. Niese, Hermes XIV, 429 über die Namen dieser Strategen in der 1879 erschienenen, dem Andenken dieses der Wissenschaft früh entrissenen Forschers stets zur Ehre gereichenden Abhandlung: „Der Text des Thukydides bei Stephanus'.

[3] εἰ δ' ἐπὶ Κέρκυραν πλεοῖτε ἢ ἐς τῶν ἐκείνων τι χωρίον, οὐ περιοψόμεθα κατὰ τὸ δυνατόν, I, 53 am Ende. Die oben S. 14, Anm. 3 gesperrt gedruckten Worte zeigen die hier vorliegende Modification.

[4] οἱ μὲν δὴ (Κορίνθιοι) τοιαῦτα εἶπον· τῶν δὲ Κερκυραίων τὸ μὲν στρατόπεδον ὅσον ἐπήκουσεν ἀνεβόησεν εὐθὺς λαβεῖν αὐτοὺς καὶ ἀποκτεῖναι, I, 53, 3.

[5] εἰρημένον γὰρ δίκας μὲν τῶν διαφορῶν ἀλλήλοις διδόναι καὶ δέχεσθαι, ἔχειν δὲ ἑκατέρους, ἃ ἔχομεν', I, 140, 3. Das sind, wie schon oben S. 7, Anm. 2 bemerkt ward, authentische Worte der Friedensurkunde von 445. Im Friedensvertrage von 421 heisst es nur:

der unbedingten athenieusischen Seeherrschaft' an die Epimachie mit Korkyra und an deren Wirkungen erinnert wird. Um so entschiedener betont der grosse Redner das gute Recht Athens in der aus jener Epimachie entsprungenen Potidaiatischen Verwickelung. Ebenso lässt auch der König Archidamos nur die letztere Angelegenheit als ernstliche Differenz gelten.²

Nachdrücklich aber werden wir aufmerksam gemacht, diese formelle Auffassung der leitenden Politiker beider Hauptmächte nicht für die richtige zu halten. Am Ende des zweiten Abschnittes der Vorgeschichte des Krieges erhalten wir diese Belehrung. Nach dem ersten, der Darstellung der korkyräischen und der aus ihr sich entwickelnden potidaiatischen Verwickelung, also der beiden Ursachen oder Motive³ des ganzen Krieges, enthält eben dieser zweite nicht minder⁴ gleichzeitige Abschnitt die Darstellung der Entschliessungen zum Kriege von Seiten beider Hauptmächte.⁵ Diesem Abschnitte ist, wie schon im ersten Theile (S. 21) bemerkt ward, nicht zum Vortheile des Zusammenhanges das, voraussichtlich von Alkibiades aus Sparta und Asien gebrachte, vortreffliche und entsprechend bearbeitete Material eingefügt, welches Pausanias' und Themistokles' Ausgang behandelt. Da die Einfügung unter der Form einer von den Athenern Sparta vorgeworfenen Verständigung geschieht, ist wohl der Congruenz wegen auch der vorangegangene spartanische Säulenvorwurf gegen Athen auf Grund bessern Materiales, als der hier mehrfach angeführte Herodot⁶ über den kylonischen Frevel besass, vorangestellt worden. Beide mit grösster Sorgfalt gearbeitete Stücke muss man wie die ganze Pentekontaëtie⁷ ausscheiden, um die

---

¹ ἐὰν (Kirchhoff 1882, 916) δέ τι διάφορον ᾖ πρὸς ἀλλήλους, δικαίας χρήσθων καὶ ὅρκους καθ' ὅ τι ἂν ξυνθῶνται. Die neue Bestimmung lässt einem viel weiteren und unsichereren Spielraum.

² ... οὔτε (δίκας) ἡμῶν διδόντων δέχονται, ... μέγα γὰρ τὸ τῆς θαλάσσης κράτος. I. 140, 3: 144, 3.

³ Ποτιδαίας γὰρ ἀπανίστασθαι κελεύουσι (οἱ Λακεδαιμόνιοι), I, 140, 4. Πρὸς τοὺς Ψηφισμοὺς πέμπετε μὲν περὶ τῆς Ποτιδαίας, πέμπετε δὲ περὶ ὧν οἱ ξύμμαχοί φασιν ἀδικεῖσθαι, ἄλλως τε καὶ ἑτοίμων ὄντων αὐτῶν δίκας δοῦναι, I, 81, 2

⁴ αἴτιαι .. αἴτιαι προεγεγένηντο ἐξ ἀλλήλοις, I, 66, 1. Vgl. über diese αἰτίας auch oben S. 7

⁵ Vgl. oben S. 14 über Potidaea als noch unveränderte korinthische Colonie.

⁶ Von οὐ μέντοι ὅ γε πόλεμος, dem Endsatze von I, 66, bis zum Schlusse des jetzigen ersten Buches mit den wiederholt bemerkten (vgl. im ersten Theile S. 13, Anm. 1) kleineren Stücken, gleichsam Tagesarbeiten des Verfassers: zunächst bis 79, dann bis 89. Hierauf tritt die noch näher an definirende Auscheidung der ganzen Geschichte dessen, was (c. 118) ἐν βραχεῖ ξυντέθειται μάλιστα ,vom Xerxes Abzuge bis zum Anfange dieses Krieges geschah', d. h. von 89 bis zur Befragung des delphischen Orakels I, 118, 3 (πέμψαντες ἐξ ἐς Δελφοὺς) in ihr Recht. Von den in I, 118, 3 bemerkten Worten geht die ursprüngliche Gestaltung des dritten Stückes zunächst bis zur Erwähnung der Verhandlungen über die religiösen Frevel, deren Sühnung zuerst Sparta, dann Athen verlangten. Es ist keineswegs sicher, dass diese Verhandlungen ohne reellen Werth, nachdem der Krieg von der spartanischen Symmachie beschlossen war (I, 87, 88, 125), bei der ersten Ausarbeitung überhaupt erwähnt wurden, wie unten (§ 4 im Excurse über Perikles' Schilderung bei Thukydides gegen Ende) noch dargethan werden wird. Sind diese Sühnverhandlungen von Anfang der Ausarbeitung an erwähnt worden, so dürfte das betreffende, wohl dritte Stück des zweiten Abschnittes bis gegen Ende des zweiten Satzes von c. 126 reichen. Hier dürften dann nach den Worten τὸ ἄγος ἐλαύνειν τῆς θεοῦ statt der jetzt vorliegenden Excurse über Kylon, Pausanias und Themistokles gemäss der sonstigen Oekonomie dieses Stückes nur etwa zwei oder drei Sätze die spartanische quasireligiöse Forderung und die entsprechende Gegenforderung der Athener erklärt haben; der auf die erstere gebende Satz ist vielleicht in 1, 127, 1 nach einem ausgefallenen, den kylonischen Frevel nennenden Halbsatze erhalten: τοῦτο δὲ τὸ ἄγος οἱ Λακεδαιμόνιοι ... ἀπὸ τῶν Ἀθηναίων; denn die beiden folgenden Sätze können, wie in dem Perikles behandelnden Excurse zu § 4 später ebenfalls ausgeführt wird, nicht zur ersten Anlage gehören. Der auf Pausanias bezügliche ursprüngliche Satz der attischen Gegenforderungen scheint nur von dem Autor beseitigt zu sein, während der auf die erste Forderung bezügliche, wegen des zweiten tückischen Helotenmordes am Poseidonheiligthume von Cap Matapan, (I, 128) ganz erhalten ist. Hienach enthält dieses dritte Stück: 118, 3 (πέμψαντες) bis 126, 1 (θεοῦ), dann kleine Lücke, hierauf 127, 1, 139, 1 von ὅτεροι δὲ φασκόντες bis zum athenischen Entschlusse einer definitiven Antwort (139 § 3 am Ende: ἀπεμίμνηντο). Das vierte Stück dieses zweiten Abschnittes bildet dann Perikles' Auftreten mit seinen Folgen (139, 4 bis Ende von 146). Hiermit ist die Concinnität zur Anlage des ersten, ebenfalls viergliedrigen Abschnittes hergestellt. Vgl. oben S. 13, Anm. 4.

⁶ Es dürfte nicht bemerkt sein, dass aus Herodot V, 71 in Thuc. I, 126 folgende Worte herübergenommen sind. § 2: Κύλων ἦν — Ὀλυμπιονίκης ἀνήρ — Ἀθηναῖος — (§ 3:) κατέλαβε — τὴν ἀκρόπολιν — ἐπὶ — τυραννίδι (§ 6:) ἀναστήσαντες.

⁷ Siehe den Excurs am Schlusse dieses Paragraphen.

Uebersicht der beiden einleitenden Abschnitte zu gewinnen und die Schlussworte zu verstehen, welche den Krieg auf die Korkyräerverwicklung zurückführen.[1]

Erwägt man nun alle diese Momente unter wiederholter Erinnerung an Perikles' entschlossene Abneigung, sich auf Abenteuer im fernen Westen einzulassen, so wird man die oben (S. 4) erwähnte Anklage nicht billigen können, unser Autor habe eine Sendung jener zehn für Korkyra bestimmten Hilfsschiffe nach Italien und Sicilien und den von den drei Strategen bewirkten Abschluss von Bündnissen mit dortigen griechischen Städten verschwiegen,[2] er, der, wie wir sahen (S. 10), alle diese Verträge mit den Gemeinden im Westen als ein wirkungsloses Nichts missachtet. In der That ist aber die Schlussfolgerung der Anklage aus einer besondern Deutung des zweiten neben dem durch Thukydides' Vermittlung uns überkommenen urkundlichen Berichtes entsprungen.

c) Ergebniss der inschriftlichen Nachrichten.

Es ist dieser Bericht derselbe, in der die Kosten beider Expeditionen nach Korkyra betreffenden Inschrift erhalten, die schon eine kleine,[3] nun um ein weiteres Stück vermehrte[4] Literatur veranlasst hat. Nach dieser letzten Interpretation sind die zehn ersten attischen Schiffe Anfang August 433 abgefahren und hat die Schlacht von Sybota neun Monate später im Mai 432 stattgefunden; die Beweisführung ist so scharfsinnig, dass man sich ihren Ergebnissen kaum entziehen kann. Meinerseits glaube ich nur bemerken zu müssen, dass es mir überhaupt bedenklich scheint, nach Usener's überzeugenden Ausführungen[5] von 1879 zu den Böckh'schen Gleichsetzungen von griechischen Monats- und vollends Tagesdaten zurückzukehren. Ganz besonders aber scheint mir das nicht räthlich für das dieser Inschrift geltende Jahr des Archon Apsendes 433/32; denn dieses Jahr fällt in die Zeit, da zwischen 446 und 431 v. Chr. durch das eleusinische, seit 1880 bekannt gewordene Decret die Jahresordnung mit einer allem Anscheine nach doch hier laut delphischem Befehle verfügten Einschiebung eines ausserordentlichen Schaltmonates empfindlich gestört wurde.[6]

Für die uns beschäftigende Frage kommt diese Meinungsdivergenz freilich nicht in Betracht. Man kann trotzdem ohne Weiteres den Zeitraum von etwa neun Monaten zwischen der Abfahrt der zehn Trieren und der Schlacht von Sybota zugeben. Sie hatten eine ähnliche Wache (φυλακή) zu beziehen, wie die zwanzig unter Phormios' Commando im Herbste des Jahres 430 zur Hemmung der Ausfahrt aus Korinth und der Bucht von Lepanto ausgesendeten Kriegsschiffe (II. 69, 1). Für den gegebenen Zweck war das mit aller Vorsicht gegen frivolen Friedensbruch zu commandirende Geschwader von zehn Trieren ausreichend; erst als man in Athen die Sammlung einer der korkyräischen überlegenen korinthischen Flotte von hundertundfünfzig Kriegsschiffen erfuhr, wurde eine zweite Ex-

---

[1] Αἰτίαι δὲ αὗται καὶ διαφοραὶ ἐγένοντο ἀμφοτέροις πρὸ τοῦ πολέμου ἀρξάμεναι εὐθὺς ἀπὸ τῶν ἐν Ἐπιδάμνῳ καὶ Κερκύρᾳ Ι, 146. Das Wort *αἰτία* für Motiv, Grund, Klageobject ist hier auch Thukydides unbequem geworden.
[2] H. Nissen a. a. O. 423.
[3] Angeführt vor dem Abdrucke in Dittenberger's Sylloge I. 48 f. Nr. 25.
[4] H. Nissen a. a. O. 398 f., wobei besonders der Nachweis S. 402, über die Zeit der Aussendung der zweiten Expedition bemerkenswerth und die Einsetzung der ‚achten Prytanie' für diese Zeit ein wahrer Gewinn ist.
[5] Chronologische Beiträge (Rheinisches Museum XXXIV) 390 f.
[6] μῆνα δὲ . . ἐμβάλλειν Ἐκατομβαιῶνα τὸν νέον ἄρχοντα. Dittenberger Nr. 13, I, 27, Z. 54 mit Anmerkung 13; auch eine andere, gewiss zulässige Auffassung dieser Worte sollte doch bis auf Weiteres Gleichsetzungen des attischen Kalenders mit dem julianischen für die Jahre 446 bis 431 vermeiden.

pedition von zwanzig Trieren unter drei anderen Strategen abgesendet,[1] von denen unser Autor nur zwei als zur neuverbündeten Insel gekommen bezeichnet. Jene Antwort an die Korinther ist also, wie es scheint, nicht von der Majorität, sondern nur gerade von fünf Strategen, der Hälfte des Strategencollegiums, ertheilt worden.

Es ist wohl nunmehr selbstverständlich, dass die, nach dem mit den Korkyräern geschlossenen Schutzbunde sofort in deren Gewässer abgesendeten zehn Trieren bei dem offenen Kriegszustande des neuen Verbündeten gegen Korinth ihren Posten nicht verlassen durften, und dass die ‚sattsam bekannte Sparsamkeit der atheniensischen Demokratie‘ den auch neunmonatlichen Aufwand der Unterhaltung dieser Flotille nicht scheuen konnte. Die hienach, und nach all dem früher über die atheniensische Politik dieser Zeit gegen den fernen Occident Erörterten, an sich ausgeschlossene Vermuthung, dass die drei Strategen mit ihren zehn Schiffen inzwischen eine Fahrt mit politischen Zwecken an die italisch-sicilischen Küsten unternommen hätten, ist zunächst durch die in dasselbe Archontatsjahr gehörigen, in Athen geschlossenen Bündnissverträge mit Abgesandten von Leontinoi und Rhegion begründet worden.[2] Zur Erklärung derselben waren doch die neue Epimachie Athens mit Korkyra und ihre mercantile Motivirung von Seiten beider Mächte für die sichere Fahrt nach dem Westen, sowie die ernste Manifestation dieser Epimachie mit der Absendung der zehn attischen Kriegsschiffe für genügend erachtet worden.[3] Meinerseits wüsste ich dem hiefür Gesagten nichts beizufügen.

Wenn nun von diesem Vertrage mit Leontinoi, wie oben dargethan wurde,[4] bei Erwirkung militärischer attischer Hilfe im Jahre 427 nicht die Rede war, auch weder Leontinoi noch Rhegion während dieser fünf Jahre, darunter vier des schweren peloponnesischen Krieges, weder irgendwelche bundesgenössische Handlung zu Gunsten Athens übten, noch von diesen erfuhren, so muss der Bund mit Beiden wohl seine genau definirten Clauseln gehabt haben. Aus den uns vorliegenden Anfängen beider Urkunden erfahren wir nur, dass Symmachie zwischen Athen und jedem dieser beider Staaten beschworen wurde. Bei Leontinoi bricht aber die Eidesformel mit den Anfangsworten ‚Bundesgenossen werden wir sein‘ und dem Steine ab; bei Rhegion reicht sie weiter: ‚treu und ohne Falsch ($ἄδολα$) und offen ($ἁπλᾶ$) wird Alles von Seite der Athener den Rheginern gegenüber sein und . . . und treue und gerechte und starke und tadellose Bundesgenossen wollen wir sein . . . und wollen helfen. . .‘ Die Clauseln fehlen und dürften je beiden Vertragschliessenden alle Entschuldigung für ihr Nichtsthun gewährt haben. In Thukydides' Darstellung, welche den chimärischen Matrikelanschlag des Vorortes Sparta für die Quasiverbündeten im Occident nur ironisch bringen kann,[5] ist für diese illusorischen Verträge vollends kein Platz.

Aber Diotimos, einer der drei Strategen jener ersten attischen Expedition nach Korfu, hat man als sacralen Gründer in Neapel zu erkennen geglaubt.[6] Zuerst ist, so viel ich

---

[1] Wie oben S. 15, Anm. 2 bemerkt wurde, bringt Thukydides nur zwei Namen, davon nur einen mit der Inschrift stimmenden; für den andern habe ich die auch von Dittenberger, I, 48, Anm. 9 acceptirte Erklärung der Differenz durch Niese angeführt. Der dritte Stratege wird aber wirklich aus unbekannter Ursache nicht nach Korkyra gelangt sein.

[2] H. Nissen 399 mit der Schlussfolgerung, dass diese Sparsamkeit ein neunmonatliches müssiges Warten ausschliesse und so die Vorbereitung der italisch-sicilischen Bündnisse durch die Strategen an Ort und Stelle zu erklären sei.

[3] In präciser Weise bei dem Wiederabdrucke der im Corpus inscriptionum Atticarum IV, 13 und 33 enthaltenen beiden Urkunden, die letztere für Leontinoi mit Verwerthung einer Köhler'schen Abschrift durch Dittenberger Nr. 24 und 23, I, 47, Anm. 1.

[4] S. 11. Vor Nissen hat auch Dittenberger sich durch das hiefür doch gar nicht passende, voraussichtlich von Gorgias gebrauchte Schlagwort der καλαὶ ξυμμαχία (III, 86) irreführen lassen.

[5] Vgl. oben S. 10

[6] Das Ereigniss ‚kann auf keinen andern Zeitpunkt und Feldherrn bezogen werden‘ nach H. Nissen a. a. O. 400.

sehe, im Jahre 1870 der Verfasser[1] der Geschichte Siciliens auf diese Gleichsetzung gerathen. Es handelt sich nun eine bestens bezeugte Nachricht,[2] dass der in der Folgezeit zu Neapel gefeierte Fackellauf auf einen attischen Nauarchen Diotimos zurückgehe, der ihn gemäss einem Orakelspruche gestiftet habe.

Nach den bisherigen Ausführungen ist die Möglichkeit ausgeschlossen, dass der Stratege Diotimos des Archontatsjahres 433/32 gemeint sein könnte. Immerhin wäre es peinlich, die Frage mit dieser Negation abschliessen zu müssen. Ich denke aber nicht, dass hiezu ein Anlass vorliegt.

Während der bewunderungswürdigen Leitung, welche der athenische Staat, seine Finanzen und speciell seine Marine zu Alexanders des Grossen Zeit durch Lykurgos fanden, wurde, wahrscheinlich im Jahre 335/34, gemäss einem Volksbeschlusse der Stratege Diotimos auf ‚Wache' (φυλακή) gegen die Seeräuber (τῶν λῃστῶν) ausgesendet. Es geschah auf Lykurgos' eigenen Antrag, ein Anderer veranlasste dann noch den Zusatzbeschluss, dass die betreffenden Trieren — zwei werden beschrieben — Schnellfahrer sein sollen. Dieser Diotimos, welcher in derselben financiellen Marineurkunde noch zweimal erwähnt wird,[3] ist eine auch sonst bekannte Persönlichkeit. Wie er nach Neapel gekommen sein mag, wird verständlich, wenn man eine dem Jahre 325/24 angehörige Urkunde vergleicht. Diese enthält den Volksbeschluss, in aller Eile eine mit besonderen Vorrechten ausgestattete und unter einem gleichnamigen Nachkommen des Perserbesiegers Miltiades als Oekisten gestellte Colonie im adriatischen Meere zu ständiger Wache gegen die Tyrrhener[4] zu gründen. Die Tyrrhener schädigten, wie aus Hypereides' und Dinarch's betreffenden Reden ohnehin bekannt ist, den athenensischen Handel in dieser Zeit durch ihren Seeraub. Es kann sonach nicht Wunder nehmen, wenn zehn Jahre vor diesem letztern, vielleicht niemals ausgeführten Beschlusse, durch welchen man dem Piratenübel im adriatischen Meere nach Kräften begegnen wollte, ein Commando gegen die ‚Seeräuber', d. h. die Tyrrhener[5] im Westbecken des Mittelmeeres errichtet wurde. Dass der Befehlshaber Diotimos, der ‚Nauarch' nach Timaeus' Worten, aus eigener Angst oder auf höhere Weisung ein Orakel befragte und nach dem Spruche desselben den Fackellauf an einem Gestade des heimischen Meeres der Tyrrhener, in Neapel, instituirte, kann wohl auch nicht besondere Verwunderung erregen.

Excurs
über die Entstehung der Pentekontaëtie.

Wiederholt ist[6] in diesen Untersuchungen über die Einlage oder genauer gesagt: über die Doppeleinlage (I, 89 bis 97, 2 und 97, 2 bis 118, 1) gesprochen worden, welche die Geschichten der ‚ungefähr fünfzig Jahre' (I, 97, 2) zwischen dem dritten persischen Kriege

---

[1] Holm, I, 404.
[2] Timaeus fr. 99 bei Müller F. H. G. I, 218.
[3] C. I. A. II, 804, darnach Dittenberger, Sylloge Nr. 351, l. 195, 258, 279, 11, 474 und 473 mit Anm. 46. Für diese Urkunde erscheint besonders treffend, was H. Swoboda, die griechischen Volksbeschlüsse (1890), über den Antrag als fachmännisches Votum S. 128 f. bemerkt.
[4] φυλακη ἐπὶ Τυρρηνούς, Dittenberger, Sylloge Nr. 112, l. 59, I, 185. Ueber diese Urkunde der problematischen Miltiadesstadt handelt ausführlich M. C. Foucart, Mémoire sur les colonies Athéniennes au V et IV siècle (Mémoires prés. par divers savants, Paris 1878, t. IX) 324 f, mit der schon in diesem Beginne der Untersuchung schädlichen Vermengung von Colonie (ἀποικία) und Auftheilung von Confiscationsland (κληρουχία). Die Foucart's Arbeit vorangegangene und, wie ich vermuthe, mehrfach zu Grunde liegende Untersuchung A. Kirchhoff's, Ueber die Tributpflicht der attischen Kleruchen (Berliner akad. Abhandlungen 1873, 1—36) leidet an derselben Gleichsetzung der beiden nun auch inschriftlich C. I. A. IV, suppl. ad. 1, 116 v. 9, p. 129 deutlich geschiedenen Begriffe ἀποικίας καὶ κληρουχίας.
[5] Die Identification bringt schon Dittenberger, II, 474, Anm. 55.
[6] Erster Theil, erstes Kapitel, S. 21, 25. Zweiter Theil, S. 16.

und dem peloponnesischen enthält. Jetzt am Schlusse eines Paragraphen, in welchem (S. 16) die Ausscheidung dieses ganzen Doppelexcurses zum richtigen Verständnisse des zweiten Abschnittes der ursprünglichen Composition des uns beschäftigenden Geschichtswerkes postulirt wurde, soll die betreffende Frage einer Erörterung unterzogen werden.

Es ist bemerkt worden, dass das 96. „das eigentliche jetzige Schlusskapitel des ersten Theiles dieser Einlage' — denn 97, 1, welches von ‚dem medischen' bis zu ‚diesem Kriege' (μεταξὺ τοῦδε τοῦ πολέμου καὶ τοῦ Μηδικοῦ) zurücklenkt, ist nur stilistischen Inhaltes — ‚ursprünglich nach der Absicht des Verfassers nichts weiter sein sollte als eine summarische Uebersicht der Bundeseinrichtungen in der Zeit bis zur Schlacht am Eurymedon und darüber hinaus; als dann später die detaillirtere Darstellung der allmäligen Entwickelung der Machtstellung Athens in den Kapiteln 97—117 hinter 96 eingelegt wurde, entstand der Schein, welcher Ephoros verführte, als seien die in Kapitel 96 erwähnten Thatsachen chronologisch vor dem ersten in Kapitel 98 erwähnten Ereignisse einzuordnen. . . . Da ich für meine Person überzeugt bin, dass Thukydides das Richtige wusste und was er wusste, auch deutlich sagen konnte und wollte, so ist für mich die Entscheidung nicht zweifelhaft'.[1] Diese Entscheidung besteht eben darin, dass Kapitel 97 (eigentlich 97, 2 oder von den betreffenden beiden Uebergangssätzen abgesehen, Kapitel 98 bis 118, 1) später als Kapitel 89 bis 96 abgefasst und als Einlage beigefügt worden seien, ohne dass der Autor Zeit oder Gelegenheit hatte, die zwischen beiden Abtheilungen bestehenden Incongruenzen auszugleichen oder auch nur dem Leser anzudeuten. Thatsächlich lässt sich die nunmehrige Fortsetzung des zweiten Abschnittes' in Kapitel 118, 1 ebensogut an das Ende von Kapitel 97, 1 als an das Ende des 117. Kapitels anschliessen.

Nun berichtet uns der Geschichtsschreiber selbst deutlich genug (97, 2), was ihn zur Abfassung seiner Uebersicht der ‚ungefähr fünfzig Jahre' als ‚Excurs der Darstellung' (ἐκβολὴ τοῦ λόγου) veranlasst hat. ‚Ich habe', sagt er, ‚dies deshalb geschrieben, weil dies Gebiet bei allen meinen Vorgängern mangelhaft war.' Speciell aber macht er geltend: ‚Hellanikos, welcher in seiner attischen Geschichtschreibung auch dies berührte, hat es sowohl kurz, als in Bezug auf die Zeitangaben nicht genau berührt'.[3]

Da nun der Spruch: ‚pectus facit oratorem' fast noch mehr von dem echten Geschichtschreiber gilt, so darf man annehmen, dass wir dem Unwillen unsres Autors über eines Fachgenossen Leichtfertigkeit und Ungenauigkeit diese Pentekontaëtie oder genauer gesagt: ihren zweiten Theil danken. An dessen Abfassung nach dem ersten Theile der Einlage wird mit Recht von Niemand gezweifelt.

Dieser erste Theil scheidet sich aber deutlich in drei Stücke. Das einleitende Kapitel 89 über das unmittelbar nach der Schlacht von Mykale Geschehene erwähnt übersichtlich die Heimkehr der Peloponnesier unter spartanischer Führung, die Eroberung von Sestos durch die Athener mit jonischen und hellespontischen Verbündeten, endlich die Rückkehr der Bewohner in die grosstentheils zerstörte Stadt Athen. Das Schlussstück (Kapitel 96 und 97, 1) schildert die erste Einrichtung der attischen Symmachie im delischen Bunde und mit genau einem Satze dessen Wandlungen ‚durch Krieg und kundige Administration'[4] von Seiten der

---

[1] August Kirchhoff, Der delische Bund (Hermes XI. 1876) 37 f.
[2] In Beaug auf dessen Structur verweise ich auf Anmerkung 5, oben S. 16.
[3] Τούτων δὲ ὅσπερ καὶ ἥψατο ἐν τῇ Ἀττικῇ ξυγγραφῇ, Ἑλλάνικος βραχέως τε καὶ τοῖς χρόνοις οὐκ ἀκριβῶς ἐπεμνήσθη, I, 97, 2.
[4] Πολέμῳ καὶ διαχειρίσει πραγμάτων (97, 1) zeigt sich diese doppelte Ueberlegenheit der Athener, welche die Leitung ἀπὸ κοινῶν ξυνόδων βουλευόντων bei συμμάχοις ὑπαρξάντων und Πελοποννησίων τοὺς ἀεὶ προστυγχάνοντας unmöglich machte.

Athener „gegenüber bundesgenössischer Unruhe" und „peloponnesischer Feindseligkeit" bis zum Jahre 431. Es leuchtet wohl ein, dass diese beiden Stücke nicht um ihrer selbst willen geschrieben sind.

Das dritte Stück schildert eingehend einerseits Themistokles' Verdienste um die Befestigung Athens, um seine Seemacht und Häfen (Kapitel 90 bis Ende von 93), anderseits Pausanias' Gewaltthätigkeiten, welche zu Sparta's Aufgeben des „Perserkrieges"[1] und zum Abfalle der überseeischen Bundesgenossen von Sparta führten. Unmittelbar nach der Schilderung des durch Themistokles bewirkten athenischen Mauer- und Hafenbaues und ohne weiteren Uebergang fährt die Erzählung (94, 1) fort: „Pausanias aber, Kleombrotos' Sohn, wurde aus Lakedämon als Feldherr der Hellenen mit zwanzig Schiffen von dem Peloponnes ausgesendet". Themistokles' Thaten werden doch erst nach zwei Sätzen (90, 1 und 2) erzählt, welche Spartas und seiner Bundesgenossen Abneigung gegen die Herstellung und eine Befestigung Athens schildern.

Was in diesem Stücke erzählt ist, enthält aber gerade die Thatsache, deren Kunde in dem nächsten grossen Excurse nach der Pentekontaëtie, in der Darstellung von Pausanias' und Themistokles' Katastrophe, vorausgesetzt wird. Unmittelbar schliesst sich hier die Fortsetzung von Pausanias' Geschichte seit seiner Abberufung vom Commando und Freisprechung (I. 128, 2 ἐπειδὴ Παυσανίας) an das mit Schluss jenes' dritten Stückes vom Abfalle der Bundesgenossen nach Pausanias' Abberufung (I, 95 am Ende) Dargestellte an.

Auch hat allem Anscheine nach unsrem Autor für beide Excurse zum Theile dasselbe vor dieser Publication wohl in Sparta und Asien geheim gehaltene Material vorgelegen. Für Themistokles' Geschichte liegt nämlich auch in diesem ersten Versuche der Pentekontaëtie eine Reihe intimer Nachrichten vor, welche vielleicht eigenen Aufzeichnungen desselben, vielleicht auch Mittheilungen seiner Familie entnommen sind. Man erfährt, was er besorgte (ἐφοβεῖτο 91, 2), meinte (ἐνόμιζεν, νομίζων 93, 2, 4 und 5), wollte (ἐβούλετο 93, 4) und erhält einen gedrängten Auszug aus seiner entscheidenden, in Sparta gehaltenen Rede (91, 3 und 4).

Die Frage liegt so nahe, als sie nicht zu beantworten ist, ob die beiden jetzt vorliegenden und keineswegs zu einander passenden Theile der Pentekontaëtie nach der definitiven Entscheidung des Autors ihre jetzige Stelle einnehmen.[2] Sie durchbrechen, abgesehen von ihrem eigenen gegensätzlichen Inhalte, auch die mit höchster Kunst angelegte Darstellung des Beginnes eines Kriegszustandes der beiden grossen hellenischen Mächte. Immerhin ist es möglich, dass der Geschichtschreiber die Herausschälung dieses Zusammenhanges, wie das Erkennen der ganz verschiedenen Tendenzen beider Theile der Pentekontaëtie dem verständigen Leser überlassen wollte, auch an der Jugendarbeit dieser zweiten gar symmetrischen Phase der Ursprünge des Krieges nicht mehr volles Gefallen fand und ihre Structur verdecken wollte. Ist dies letztere richtig, so würde es auch die kaum begreifliche Einschiebung des Doppelexcurses von Kylon, Pausanias und Themistokles[3] in die Geschichte der religiösen Ultimatumforderungen einigermassen verständlicher machen.

Aber auch mit diesen Erklärungen langt man noch nicht aus. In die Geschichte der sicilischen Expedition unmittelbar nach Erzählung von Alkibiades' Flucht,[4] in die Darstel-

---

[1] ... ἀπαλλαξείοντες ... τοῦ Μηδικοῦ πολέμου καὶ τοὺς Ἀθηναίους νομίζοντες ἱκανοὺς ἐξηγεῖσθαι καὶ πρίν ἐν τῷ τότε ἐπεχείδονες, I. 95 am Ende.
[2] Vgl. im ersten Theile S. 21 und S. 25, Anm. 3.
[3] Vgl. oben S. 16 mit Anmerkung 5.
[4] Vgl. oben S. 13 mit Anmerkung 2.

lung des Doppelprocesses wegen Mysterienfrevel und Hermenverstümmelung, dem er entrann, ist in lockerem Anschlusse an die ursprüngliche Aufstellung der Hermen die sympathische, mit inschriftlichen Belegen ausgestattete Schilderung der Peisistratiden bis zu Hippias' Tode eingefügt. Obwohl es uns heute bedenklich für die historiographische Oekonomie erscheinen mag, so zeigen doch die Thatsachen, dass Thukydides Excurse selbst weit abliegenden Inhaltes für den Geschichtschreiber erlaubt hielt.

§ 4. Der megarische Volksbeschluss.

a) Thukydides' Bekämpfung nebensächlicher Kriegsgründe.

Diese Urkunde ist uns nicht erhalten. Sie ist auch nur, wie sich zeigen wird, in ihren Hauptbestimmungen sicher zu reconstruiren. Sie ist überdies, wie ebenfalls gleich hier bemerkt werden soll, von den Athenern selbst im Jahre 431 nur für einen Act wenig erheblichen Inhaltes erachtet worden. Gerade wegen dieses neuerlich für sehr wichtig gehaltenen megarischen Volksbeschlusses ist aber gegen Thukydides die letzte schwere Anklage erhoben worden.[1]

Nach dieser ‚gesteht' derselbe (I, 139; 140, 4) ‚dass dies der Hauptpunkt bei den Verhandlungen' gewesen sei; aber ‚im Uebrigen schweigt er sich gründlich über den Hauptpunkt aus, übergeht den Erlass der Handelssperre wie den im Frühjahr 431 gefassten Beschluss, Megara zweimal im Jahr zu verheeren. Die Folgen dieses Beschlusses, der als Schlüssel zum Verständniss des ganzen Kriegsplanes dient, werden nachträglich obenhin berührt (II, 31)'[2] u. s. w.

Mit gründlichster und allseitigster Erörterung war von dem Geschichtschreiber nach einer annalistischen Darstellung der Kämpfe von Epidamnos die Natur der zwischen Korkyräern und Korinthern bestehenden bittern Feindschaft in den authentischen Summarien[?] der Reden beider Gesandtschaften zu Athen gleichsam urkundenmässig dargethan. Hiemit hatte er gezeigt, wie die beiden Grossmächte Athen und Sparta aus dieser Fehde verwandter Nebenstaaten zur Austragung ihres unversöhnlichen Gegensatzes mit den Waffen getrieben wurden. Diese eigentlich entscheidend gewordene Frage wird freilich bald von einer den Machtbereich beider grosser Symmachien unmittelbar berührenden, der potidaiatischen, derart abgelöst, dass bei der Katastrophe der gegenseitigen Kriegserklärungen jener um Epidamnos entbrannte Familienkrieg wie eine Decoration verschwunden scheint. Verschwunden ist sie aber nur für den praktischen Tagespolitiker: die Historie, wie sie uns Thukydides lehrt, hält mit den inneren auch die treibenden äusseren Motive überall als entscheidende Wahrheiten fest und entschlägt sich um so entschlossener alles Nebensächlichen.

b) Korinthische Auffassungen über den megarischen Staat.

Zum ersten Male wird bei unsrem Autor — eben in dem den korkyräischen Zwist behandelnden Probestücke seiner Meisterschaft — Megara's bei dem Versuche der Korinther

---

[1] H. Nissen a. a. O. 424.
[2] Ich bemerke doch ein hier besser, als in der von Kirchhoff (1884, S. 415) bemerkten Stelle, I, 145, I ὅλην, . . . ὁμοίαν und I, 78 am Ende: τὰ διάφορα δίκῃ λύεσθαι erhaltenes Stück aus der Friedensurkunde von 445, deren Reconstruction in den Hauptartikeln doch allmälig gelingen dürfte: εἴρηται ἐν ταῖς σπονδαῖς: „ἐξεῖναι παρ' ὁποτέροις τις τῶν ἀγράφων πόλεων βούληται.

einer Neucolonisirung von Epidamnos und einer Hilfeleistung für die in dieser Stadt Belagerten gedacht. Da waren es in erster Linie die Megarenser, welche von Korinth aus ersucht wurden, eventuell maritime Hilfe zu leisten und welche in der That zu diesem Zwecke acht Schiffe in Bereitschaft setzten, dann aber mit zwölf unter eigenem Commando in der bundesgenössischen Flotte gegen Korkyra erschienen, in welcher sie mit den Amprakioten bei der Schlacht von Sybota den rechten Flügel einnahmen und geschlagen wurden.[1] Des kleinen Staates politisches Verhältniss zu seinen Nachbarn wird zuerst in demselben Zusammenhange von den in Athen auftretenden korinthischen Gesandten berührt. In der vollen Würde einer alten, an weite Herrschaft gewöhnten politischen Macht gedenken diese stolz und einfach der guten Dienste, welche sie neben manchem Gegensätzlichen doch auch dem attischen Staate wiederholt und noch neuerlich bei dem Aufstande der Samier gegen die atheniensische Reichsmacht geleistet hatten. Man bemerke, wie sehr dieser Ton sich von den harten und schroffen Formen unterscheidet, welche die Korinther nach den uns vorliegenden urkundlichen Auszügen[2] den versöhnlichen Anerbietungen Korkyra's, ihrer unpietätischen Tochterstadt, gegenüber vor dem Kriege beider Mächte angemessen gefunden hatten. Vor den Athenern machen sie in feiner Wendung geltend, dass der Gewinn am meisten bei dem Verfahren folge, welches am wenigsten gegen die sittliche Ordnung verstosse, und dass es nicht würdig sei, in der Aufregung über einen vielleicht einmal drohenden Krieg unrecht zu handeln und sich gleich eine zweifellose und unmittelbare Feindschaft von korinthischer Seite zuzuziehen.[3] Nun erst kommen sie auf die Differenz, welche sie für das eigentliche Motiv der etwaigen vertragsbrüchigen Zulassung der Korkyräer in die attische Bundesgenossenschaft erklären. Ich bemerke gleich hier, dass das Motiv fast dasselbe ist, welches der Leser bereits im Eingange dieses Paragraphen als 'Hauptpunkt' bezeichnet gefunden hat. Es lautet wörtlich, die Warnung vor dem Korkyräerbündniss fortsetzend: ‚verständig wäre vielmehr, von dem der Megarenser halber von früher her bestehenden Argwohne lieber abzulassen.'[4]

Die Worte werden gewöhnlich von folgendem Verhältnisse verstanden, auf das unser Autor die Korinther anspielen lasse. Von ihm selbst wird nämlich nach dem Ende des dritten messenischen Krieges erzählt dass hienach, um 454, der Abfall Megara's von dem peloponnesischen zum atheniensischen Bunde erfolgt sei; doch erscheint Megaris bereits in dem hierauf erzählten letzten Kriege Athen's gegen Aegina und dessen peloponnesische und boiotische Verbündete derart auf atheniensischer Seite, dass schon vor der Schlacht von Tanagra, wohl im Jahre 457, attische Truppen Megara und Pagai und die Pässe der Geraneia besetzt halten, nach dem bei Tanagra erfochtenen Siege aber die spartanischen Truppen den Heimweg über die Geraneia nehmen und Megaris verheeren. Dasselbe war schon ein

---

Βιβλίον, I, 40, 2. Das Citat enthält zugleich eine Zurückweisung der betreffenden ungenauen Aufführung in der an Trugschlüssen und Unwahrhaftigkeiten ohnehin nicht armen Rede der Hilfe suchenden Korkyräer: εἴρηται γὰρ ἐν αὐταῖς (ταῖς σπονδαῖς) ,οὖτε Ἑλληνίδων πόλεων ἥτις μηδαμοῦ ξυμμαχεῖ, ἐξεῖναι παρ' ὁποτέρους ἂν ἀρέσκηται (nnn garl) ἐλθεῖν', I, 35, 1 (s. oben S. 9)
[1] I, 27, 2; 46, 1 und 2 (στρατηγοί ... ἦσαν κατὰ πόλεις ἑκάστους); 48, 3; 49, 4.
[2] I, 28. Es ist das erste Stück, in welchem der Autor in obliquer Rede den Inhalt von Verhandlungen wiedergibt, welche diesmal vielleicht nicht nur mündlich geführt, sondern wegen der Wichtigkeit der Sache auch in den beiderseitigen Regierungs- oder Volksbeschlüssen schriftlich niedergelegt wurden.
[3] τό τε γὰρ ξυμφέρον, ἐν ᾧ ἄν τις ἐλάχιστα ἁμαρτάνῃ μάλιστα, ἕπεται, καὶ τὸ μέλλον τοῦ πολέμου, ᾧ ... καλλιωσαν αὐταῖς, ἐν φρανεῖ ἔτι αὐτὰς καὶ οὐκ ἄξιον ἐπαρθέντας αὐτῷ φανερὰν ἔχθραν ἤδη καὶ οὐ μέλλουσαν πρὸς Κορινθίους κτήσασθαι, I, 57, 2.
[4] Ich lege die beiden Satztheile, welche ich im Texte getrennt behandle, dem Leser hier vereinigt vor: τῆς δὲ ὑπαρχούσης πρότερον διὰ Μεγαρέας ὑποψίας σώφρον ὑφελεῖν μᾶλλον· ἡ γὰρ τελευταῖα χάρις καιρὸν ἔχουσα, κἂν ἐλάσσων ᾖ, δύναται μεῖζον ἐγκλημα λῦσαι, I, 44. Die beiden folgenden Sätze bieten, wie man sehen wird, weniger Schwierigkeiten.

oder zwei Jahre früher von den Korinthern in der irrigen Erwartung geschehen, dass die Athener durch den äginetischen Krieg verhindert seien, Truppen nach Megaris zu senden. Nach dieser, der spät und lose in den Zusammenhang eingefügten „Geschichte der fünfzig Jahre" angehörigen Darstellung war aber der Grund von Megara's Abfall, dass die Korinther den Nachbarstaat „wegen Landesgrenzen mit Krieg bedrohten.[1] Die Athener besetzten — vielleicht erst nach förmlichem Beitritt zu ihrer Symmachie — Megara und Pagai dauernd und sie bauten den Megarensern die langen Mauern von der Stadt nach Nisaia und garnisonirten sie selbst. Und bei den Korinthern ihrerseits fing hieraus vornehmlich der heftige Hass gegen die Athener zu erstehen an[2]. Man wird kaum annehmen können, auf diese athenieusische Hassvorstellung und die entsprechende argwöhnische Beobachtung, oder wie man das Wort (ὑποψία) sonst mildern mag, könne die Mahnung der Korinther gehen. Vielmehr dürfte sich die folgende Auskunft empfehlen.

Im Jahre 446 — wiederum nach unsres Autors Berichte — empfing Perikles während seines Feldzuges auf Euboea folgende Botschaft, deren urkundliches Excerpt Thukydides diesmal jeder anderen Form der Darstellung vermuthlich wegen der präcisen Fassung vorzog: „Megara ist abgefallen, und die Peloponnesier sind im Begriffe, in Attika einzudringen, und die Garnison der Athener ist von Megarensern vernichtet worden ausser denen, welche nach Nisaia flüchteten; mit Heranziehung von Korinthern und Epidauriern und Sikyoniern fielen die Megarenser ab".[3] Bedenkt man, dass es in erster Linie der korinthische Zuzug war, welcher den Megarensern die Möglichkeit und wohl auch den Muth gab, die attische Garnison ihrer Stadt und Schenkelmauern umzubringen, so begreift man für das Jahr 433 den in Athen „von früher her bestehenden Argwohn, dass die Korinther den Abfall Megara's und den Mord der attischen Mitbürger ganz besonders verschuldet hätten.

Nun halten die Korinther eine Vertheidigung gegen die, wie es scheint, unbegründete Vermuthung unter ihrer Würde; aber sie lassen mit aller Reserve ein Anerbieten folgen, dessen specielle Absicht man so wenig wie in spanischen Depeschen des sechzehnten oder russischen aus unsrem Jahrhundert hinter der allgemein moralischen Fassung verkennen darf. „Denn die im rechten Momente zuletzt erwiesene Gefälligkeit, auch wenn sie Geringeres betrifft, kann grösseren Vorwurf aufheben. Lasst Euch nicht dadurch fortreissen, dass sie grosse maritime Bundeshilfe darbieten; denn eine dauerhaftere Macht liegt darin, Gleichstehende nicht zu verletzen, als aufgeregt durch das sofort Einleuchtende unter Gefahren Vortheil zu finden." In der That so vorsichtige Worte, wie in Depeschen Philipp's II. von Spanien an die päpstliche Curie; aber ich denke doch, dass auch die Meinung der nicht minder stolzen Korinther sich dem athenieusischen Volke so verständlich erwies, wie die scheinbaren Lehren des spanischen Cabinets dem römischen Hofe.

Wenn der Verzicht Athens auf den Korkyräerbund als die geringere Gnade (ἐλάσσων χάρις) bezeichnet wird, was hat man unter der Lösung des grösseren Vorwurfes (μεῖζον

---

[1] πολέμῳ κατεῖχον, 1, 103; wirkliche Kriegsbedrängniss Megara's durch Korinth kann man sich in dieser Zeit doch nicht denken; eine solche wäre auch durch πιέζων oder ein ähnliches Wort verdeutlicht worden, wie IV, 66, 1: Μεγαρῆς ... πιεζόμενοι ... πολέμῳ.

[2] καὶ Κορινθίοις μὲν οὐχ ἥκιστα ἀπὸ τοῦδε τὸ σφοδρὸν μῖσος ἤρξατο πρῶτον ἐς Ἀθηναίους γενέσθαι, 1, 103 am Ende. Für die vorhergehende chronologische, trotz aller Versuche nicht zu entwirrende Schwierigkeit: 1, 107, 2; 108, 2; 105, 3.

[3] Für die letzteren Worte ἐπαγαγόμενοι δὲ ... οἱ Μεγαρῆς (1, 114, 1) bin ich doch nicht sicher, ob sie zu der an Perikles gelangten Botschaft gehören oder Zusatz des Geschichtschreibers sind, dessen Citat mit ὅτι beginnt; ohnehin verträgt sich das Satzstück nicht mit IV, 72, 3: ἐν γὰρ τῷ πρὶν τοῦ οἰκείου βοηθοῦ τοῖς Μεγαρεῦσιν οὐδαμόθεν ἐπῆλθεν. An welcher der beiden Stellen die Irrung liegt, vermag ich nicht zu sagen.

[4] Τὸ γὰρ μὴ ἀδικεῖν τοὺς ὁμοίους ἐχυρωτέρα δύναμις ἢ τῷ αὐτίκα φανερῷ ἐπαρθέντας διὰ κινδύνων τὸ πλέον ἔχειν, 1, 42 am Ende.

ἔγκλημα) zu verstehen, und was soll im Gegensatze zu dem keineswegs schmeichelhaften Vorwurfe der Nervosität (ἐπαρθέντας) der attischen Volksversammlung die scharfe Betonung der Gleichberechtigung (ὁμοίους) bedeuten, welche allein dauerhafte Sicherheit verbürge? Nach dem Zusammenhange bietet sich das angebotene, freilich nicht vollwichtige Aequivalent für den Verzicht auf den Korkyräerbund in der von den Korinthern zuzulassenden oder gar mit zu bewirkenden Wiedererwerbung der Stadt und der Schenkelmauern von Megara, welches aus dem peloponnesischen Bunde auszuscheiden hätte. Wenn diese Erklärung richtig ist, so begreift man erst recht, wie bei der ersten Berathung einer Volksversammlung „die Vorstellung der Korinther angenommen werden" konnte.

c) Unsere Kunde über den megarischen Staat um 431 v. Chr.

Irgendwie mag durch die korkyräische Verwickelung die megarische Frage doch auch nach oder bei der Ablehnung des korinthischen Vorschlages erörtert worden sein. Erst einige Zeit nach geschlossener Epimachie mit Korkyra dürfte aber der Beschluss gefasst worden sein, welcher ja freilich den kleinen Canton von Megara zunächst, aber wahrscheinlich noch empfindlicher das reiche Korinth für dessen Transithandel durch Megaris treffen musste, wenn auch dessen Hauptverkehr nach Attika seewärts ging.

Um zu einer richtigen Würdigung dieses Beschlusses zu gelangen, muss jedoch erst noch eine Reihe von Momenten erwogen werden.

Aus den Vorgängen im Vorsommer des Jahres 424 lässt sich die Natur dieses megarischen Staatswesens sehr wohl beurtheilen, wie es sich mindestens um das Jahrzehnt der Zeit des Korkyräerkrieges darstellt.

Die Athener werden damals durch die ihnen günstige Partei in die Stadt gebracht, aber kurz darauf langt Brasidas mit überlegenen peloponnesischen Streitkräften an. Da gedachten die beiden Parteien der Megarenser bei dem vor ihrer Stadt zu erwartenden Gefechte beider Hauptmächte „ruhig das Kommende abzuwarten; sie meinten, auf diese Weise sicherer zu verfahren, wenn Jeder die Ueberlegenheit dessen abwarte, dem er geneigt sei, und sich dann für ihn erkläre".[2] Da Brasidas sich bei der Kampfweigerung der Athener als der Ueberlegenere zeigte, so fiel Megara dem peloponnesischen Bunde wieder zu; trotz der Amnestie, welche sich beide Parteien vor der Entscheidung gelobt hatten, wurden aber unter dem Vorwande einer Heerschau etwa hundert athenisch Gesinnte verhaftet und nach offener Volksabstimmung hingerichtet; die damals geschaffene, wesentlich oligarchische Verfassung bezeichnet unser Text als in dem Momente, da er geschrieben ward, als für „sehr lange Zeit bestehend",[3] allem Anscheine doch auch schon wieder beseitigt, doch nicht vor dem Jahre 395; nachweisbar ist die Demokratie in Megara erst 375.[4] Glücklich Entkommenen der mit so rücksichtslosem Erfolge unterdrückten Gegenpartei begegnet man

---

[1] τῇ μὲν προτέρᾳ (ἐκκλησίᾳ) τῶν Κορινθίων ἀπεδέξαντο τοὺς λόγους, I. 44, 1.
[2] Αἱ τῶν Μεγαρέων στάσεις .... (Βρασίδαν) οὐκ ἐδέξαντο, ἀλλ' ἀμφοτέροις ἤρεσκε ἡσυχάσασι τὸ μέλλον περιιδεῖν· ἤλπιζον γὰρ καὶ μάχην ἑκάτεροι ἔσεσθαι .... καὶ οὕτω σφίσιν ἀσφαλεστέρως ἔχειν, οἷς τις ἂν εὔνους κρατήσασι προσχωρήσαι, IV, 71 am Ende.
[3] ἐς ὀλιγαρχίαν τὰ μάλιστα κατέστησαν τὴν πόλιν· καὶ πλεῖστον δὴ χρόνον αὕτη ὑπ' ἐλαχίστων γενομένη ἐκ στάσεως μετάστασις ξυνέμεινεν, IV, 74 am Ende.
[4] Diodor XV, 40, Die Schlussfolgerung bei Unger (vgl. im ersten Theile S. 7) 164. Sollte denn aber wirklich Thukydides zwei bis drei Jahrzehnte als πλεῖστον χρόνον bezeichnet und nicht vielmehr ein kundiger Leser diesen Satz als Glosse hinzugefügt haben? Auf alle Fälle wage ich nicht, ihn für die Abfassungszeit des Geschichtswerkes zu verwenden.

noch bei der sicilischen Expedition von 415 in atheniensischem Dienste;[1] aber die Athener haben übrigens nach dem missglückten Versuche von 424 keine neue Anstrengung gemacht, die Stadt wieder zu gewinnen. Der Charakter der megarischen Bürgerschaft tritt doch in den Wandlungen und Kämpfen der dreissig Jahre seit der damaligen erbitterten Abwendung von dem korinthischen Nachbar deutlich zu Tage: auf ihre Autonomie und Territorialsicherheit mit Klugheit und ohne Scheu vor etwa nöthigem Blutvergiessen bedacht, wissen sie ihre schwierige Lage unter gelegentlichem Wechsel der politischen Bündnisse zu behaupten, ohne sich jemals militärisch auszuweichen.

Es musste doch für Athener wie Korinther immer zweifelhaft bleiben, wie weit auf den momentanen megarischen Verbündeten zu zählen sei. Das megarische Staatswesen, welches in den Zeiten der Blüthe einer attischen Landsymmachie zwischen den Schlachten von Oinophyta und Koroneia zu derselben gehört hatte, nahm freilich eine neuerlich wieder mit Recht hervorgehobene[2] wichtige strategische Position ein, da sein Gebiet beherrschend und ausschliesslich die Verbindung der Peloponnes mit Mittelgriechenland, zunächst dem waffenkräftigen Böotien, bildete.

Wie im Jahre 446 hat sich auch im Jahre 424 die athenienische Garnison, so stark sie doch in dem letztern Jahre gewesen ist, der Feindseligkeit der verbundenen Peloponnesier und Böoter nicht gewachsen gezeigt. Wollte Athen nach einem etwaigen Wiedergewinne Megara's nicht die dortige Bürgerschaft vernichten, sich durch das von Kleon gegen Mytilene angerathene, nach Alkibiades' Wunsche gegen Melos vollzogene Mittel eines allen Ueberlieferungen der Vorzeit Hohn sprechenden Massenmordes in einer hellenischen Hauptstadt des Festlandes für immer entehren, so musste es aus dem einfachen militärischen Grunde auf die Wiedergewinnung von Megaris verzichten, weil es nicht Truppen genug hatte, die Hauptstadt und die auf attische Kosten gebauten langen Mauern im Kriegsfalle genügend zu garnisoniren. Und ein politischer Grund kam hinzu, lieber auf dasselbe zu verzichten. Seit dem Frieden von 445, vollends aber nach dem samischen Aufstande war Athen genöthigt, bei aller von den freien Verbündeten anerkannten Rücksichtnahme des Vorortes[3] doch die Zügel seiner Vorstandschaft straffer anzuziehen, als das megarische Gemeinwesen ertragen konnte, welches sich in dem lockern peloponnesischen Bunde im Wesentlichen wohl befunden hat.

Excurs
über Perikles' Schilderung bei Thukydides.

a) Der Charakter der Perikleïschen Redeüberlieferung.

Wie wenig kennen doch die neueren Kritiker Perikles' Sinnesart, wenn sie meinen, dass in diesem hohen und an der Spitze der athenienischen Bürgerschaft für die Ewigkeit arbeitenden Geiste gewöhnliche Eroberungs- und vollends niedrige Rache- oder ‚Revanche'-Gedanken Platz gehabt hätten! Unser Autor freilich hat Sorge getragen, durch die von ihm mitgetheilten perikleïschen Ansprachen das Weben dieses Genius für diejenigen gleich-

---

[1] VI, 43; VII, 57, 7.
[2] Heinrich Nissen a. a. O., 408 bis 415, freilich mit der Theorie, dass Perikles ‚eventuell auch durch Krieg' seit 445 am Wiedergewinne alles damals Verlorenen und speciell Megara's gearbeitet hätte.
[3] Bekenntniss der Mytilenäer in Olympia, III, 9, 2. Vgl. Kleon bei Thukydides (vgl. oben im ersten Theile 5) 391.

sam urkundlich zu veranschaulichen, für welche die in diesen Reden lebende, aus diesen Reden dringende Seelenarbeit etwas Anderes ist als rhetorischer Schmuck einer Aufreihung von Begebenheiten.

Wiederholt werden wir aufmerksam gemacht, dass die uns hier vorgelegten, aus dem so unschätzbaren als schwer zu fassenden Materiale der gesprochenen Worte des grossen Staatsmannes kunstgemäss zusammengestellten Ansprachen aus zahlreichen von Perikles gehaltenen ausgewählt sind. Ganz besonders nachdrücklich lässt der Geschichtschreiber diese Erinnerung in der letzten uns vorgelegten Rede des hochgearteten Politikers an unser Ohr dringen.

Nach all den früher vorgelegten und sofort noch zu vermehrenden Nachweisungen bedarf es wohl kaum der besondern Bemerkung, welche ich doch hier einfügen will. Eine solche Erinnerung ist aus Perikles' Munde an jenem Tage vom Volke wirklich vernommen und von Thukydides nach den Bedingungen (τὰ δέοντα, I, 22) seiner Darstellung aufgenommen worden, wie er eben andere Sätze weglassen musste. Das sollten doch alle diejenigen in Erwägung ziehen, welche aus einer bei Aristoteles erhaltenen Stelle der Perikleïschen Grabrede, welche unser Autor nicht bringt, Schlüsse über Echtheit, Glaubwürdigkeit und Genauigkeit zu ziehen sich berechtigt gehalten haben.

Der beste Hinweis auf so viele andere, in dem vorliegenden Geschichtswerke unerwähnt gebliebene Reden lautet aber: „dass Eure Besorgniss über viele Kriegsmühen, und dass wir am Ende nicht überlegen bleiben könnten, unbegründet sei, habe ich Euch ja sonst hinlänglich oft vorgestellt; nun aber will ich Euch das nachweisen, was Ihr mir niemals in Bezug auf die vorhandenen Mittel, die Grösse Eures Reiches zu bewahren, ernstlich erwogen zu haben scheint und ich selbst in meinen früheren Reden unerwähnt gelassen habe[1]. Der Nachweis gipfelt in dem stolzen Satze: „Weder König noch Volk irgend welcher Art gibt es in unserer Zeit, welche den Fahrten Eurer jetzigen Flotte Hemmung bereiten könnten".[2]

Aus dieser Fülle von Ansprachen dieses Führers des Volkes, welches sich im Jahre 430 als das seegewaltigste auf Erden bezeichnen durfte, werden uns drei in kunstgemässem Auszuge in directer Rede, zwei in indirecter Rede, von denen die spätere nur übersichtlich in einem Satze gebracht, welche aber nicht minder bedeutsam[3] ist.

b) Die beiden Reden in indirecter Form.

Die frühere dieser nur in indirecter Form gebrachten Reden (II, 13) knüpft an die kluge Hingabe derjenigen perikleïschen Landgüter an das Publicum an, welche dessen Gastfreund König Archidamos bei seiner Verheerung Attika's etwa schonen könne. Es folgt eine nochmalige eindringliche Vorstellung der Nothwendigkeit, das platte Land preiszugeben, und eine eingehende ziffermässige Aufführung der finanziellen und militärischen Kräfte des attischen Reiches, um das Selbstgefühl der Bürgerschaft zu heben. Wirklich schreitet (II, 14) der bäuerliche Theil derselben jetzt zur Räumung seines Besitzes.

---

[1] Τῶν δὲ πόνων τῶν κατὰ τὸν πόλεμον, μὴ γένηταί τε πολλοὶ καὶ οὐδὲν μᾶλλον περιγενώμεθα, ἀρκείτω μὲν ὑμῖν καὶ ἐκεῖνα ἐν οἷς ἄλλοτε πολλάκις γε δὴ ἀπέδειξα οὐκ ὀρθῶς αὐτὸν ὑποπτευόμενον, δηλώσω δὲ καὶ τόδε, ὅ μοι δοκεῖτε οὔτ' αὐτοὶ πώποτε ἐνθυμηθῆναι ὑπάρχον ὑμῖν μεγέθους πέρι ἐς τὴν ἀρχὴν οὔτ' ἐγὼ ἐν τοῖς πρὶν λόγοις. II, 62, 1.

[2] οὐκ ἔστιν ὅστις τῇ ὑπαρχούσῃ παρασκευῇ τοῦ ναυτικοῦ πλέοντας ὑμᾶς οὔτε βασιλεὺς οὔτε ἄλλο οὐδὲν ἔθνος τῶν νῦν ἐν τῷ παρόντι. II, 62, 2.

[3] I, 65, 4: ὁ μὲν γὰρ εὐτυχοῦντές τε καὶ τὸ ναυτικὸν θεραπεύοντας καὶ ἀρχὴν μὴ ἐπικτωμένους ἐν τῷ πολέμῳ μηδὲ τῇ πόλει κινδυνεύοντας ἔφη περιέσεσθαι.

Diese letztere Rede in indirecter Form bringt Perikles' Grundsätze über die Führung dieses Krieges von athenienischer Seite derart, dass alle Einzelmassregeln hieraus resultiren. Diese Grundsätze lauten nach den gegebenen Schlagworten: ‚abwarten, die Marine fortbilden, das Reich nicht in diesem Kriege vergrössern wollen, den Staat nicht in Abenteuer stürzen, hiedurch überlegen bleiben!'

c) Thukydides' persönliches Urtheil über die Reden.

Die nächste Frage für Jeden, welcher der historiographischen Theorie nachgeht, wird nun sein, wie sich Thukydides' eigene Anschauungen und Urtheile zu diesem urkundlichen Materiale der Perikleïschen Reden verhalten.

Wie er gleich manch edlem Baumeister von Kirchen des Mittelalters, der sein plastisches Bild unter eine Kanzel stellte, allem Anscheine nach für die unvergänglich bleibenden Werke des Perikleïschen Zeitalters mit den auffallenden Worten: ‚nicht unbezeugt und bewundert bei den Späterlebenden wird unsere Macht sein' zunächst den Leser auf seine eigene, allen Stein überdauernde Schilderung hinweisen durfte, das ist im Eingange des ersten Theiles dieser Untersuchungen bemerkt worden.

Und ebendort,[1] da von unseres Autors homerischer Kenntniss die Rede war, bot sich bei der Erwähnung seines ähnlich ausgebildeten Zeitgenossen Antiphon Gelegenheit, der Charakterisirung desselben und mit ihr der Worte zu gedenken, welche früher in sehr ähnlicher Weise von Perikles gebraucht worden waren. Bei diesem Anlasse musste auch die uns jetzt um ihrer selbst willen beschäftigende Frage berührt werden. Es wurde hervorgehoben, wie Perikles in der dritten Rede den Athenern die Ungerechtigkeit vorhält, ihn anzufeinden und wie sich die Echtheit dieser Worte erweisen lässt. Er macht aber geltend, dass sie ihn unverständig anklagen, weil das häusliche Missgeschick der Pest sie jetzt in diesem Kriege betroffen, den sie freilich auf seinen Rath, aber doch durch ihre Abstimmung beschlossen haben.

Thukydides wünscht (II, 60) dies letztere nicht eben starke Argument von dem Leser besonders ernst erwogen zu wissen und bringt es ein zweites Mal, wohl aus einer der Variationen eines derartigen vergeblichen, wenn auch unwidersprechlich richtigen Gedankens, wie sie jedem Redner in solchem Falle sich von selbst ergeben. Dieses zweite Mal erscheint der Vorwurf in der Form, dass, wenn die Athener Perikles selbst nur für mässig begabt, aber für patriotischer und uneigennütziger als Andere gehalten und deshalb seinen Rath befolgt haben, Krieg zu führen, es doch nicht billig sei, jetzt die Anklage eines Unrechtes gegen ihn zu erheben. Die beiden Eigenschaften der Vaterlandsliebe und der Freiheit von Gewinnsucht erwähnt er jedoch dies zweite Mal nur mit einem allgemeinen Hinweise (αὐτά). Das erste Mal nennt er sie in der Form, dass er sie neben der Fähigkeit besitze, das Nothwendige zu erkennen und deutlich vorzutragen; in beiden letzteren Eigenschaften meine er Niemandem nachzustehen. Dieser Gedanke wird nun vor der Wiederholung der Mitschuld des Volkes an der Kriegserklärung populär und etwas breit dahin ausgeführt, dass die vier Eigenschaften der Einsicht, des überzeugenden Vortrages, der Vaterlandsliebe und der Unzugänglichkeit für Geldgewinn bei einem Manne verbunden

---

[1] S. 3, Anmerkung 2 und 4 mit den dort gebrachten Citaten aus II, 41 und 60.

sein müssen, an welchen das Volk wie an Perikles sich halten könne und eben auch gehalten habe. Diese keineswegs ansprechenden oder erheblichen Sätze zwischen den beiden ohnehin seltsamen Betonungen der Mitschuld des Volkes an der Kriegserklärung hat der Autor aus einer später zu erörternden Rücksicht eingeschoben: mit jenen anderen Aeusserungen verbunden machen sie den etwas kläglichen Eindruck, dass man einen Redner höre, der gleich dem ältern Pitt seine persönlichen Empfindlichkeiten und das Bewusstsein seiner hohen Verdienste zu stark geltend mache. Das lässt sich nun aber weder ein souveräner König noch ein souveränes Volk gefallen. Wenn deshalb ein so gewissenhafter und für echte Talente so scharfsichtiger König wie Georg III. an des hochverdienten ältern Pitt Stelle lieber seinen unfähigen eigenen Genossen Lord Bute und den Abgesetzten später nur noch einmal formell zur Leitung der Geschäfte berief, so werden wir uns auch nicht wundern, von Thukydides gleich nach dieser Rede zu vernehmen (II, 65), dass Perikles in Strafe genommen, dann aber bald wieder mit der Staatsleitung betraut wurde. Immerhin werden wir nicht gerade die von unserm Geschichtschreiber geltend gemachten Motive der Absetzung und Herstellung für die allein entscheidenden halten dürfen, am wenigsten aber dessen völkerpsychologische Theorie ohne Vorbehalt acceptiren müssen, dass „dies so Pöbelmanier" sei,[1] da wir an Exempeln gleicher Art aus Monarchien wie Republiken wahrlich keinen Mangel haben.

Wie aber auch der Leser hierüber denken möge, so wünsche ich ihn doch überzeugt zu haben, dass das analysirte Stück der Perikleïschen Scheltrede, auch abgesehen von jenen noch in anderm Zusammenhange zu besprechenden Zwischensätzen, zwar zur Charakterschilderung des Staatsmannes wesentlich beiträgt, aber zugleich Zeugniss gibt, wie uns der Geschichtschreiber das Material der Reden so vorlegt, wie es der jedesmaligen Situation und der Geistesart des Redners am besten entspricht — Beides gemäss dem I. 22 Gesagten.

d) Thukydides' letztes Urtheil über Perikles.

Sobald man sich einmal von der urkundlichen Bedeutung der eben nur kunstmässig geordneten thukydideïschen Reden überzeugt hat, sieht man auch bald, dass sie für den Geschichtschreiber selbst einen wesentlich gegenständlichen Werth haben, dass er aus ihnen wie aus anderen Acten Thatsachen und Urtheile geschöpft hat. Eben aus dem, halb zufällig im ersten Theile bei den Studien Antiphon's, schon erwähnten Stücke der Scheltrede wurde auch dort[2] schon das Wiederkehren einiger Aeusserungen in der ausdrücklichen Schilderung des Staatsmannes, welche der Geschichtschreiber der Rede unmittelbar folgen lässt, als ein Beweis der Echtheit jener Worte geltend gemacht. Vollends wie sie uns jetzt als Glied einer Perikles' Andenken eher belastenden Zusammenstellung entgegentreten, dürfte dieses Sachverhältniss kaum einem Zweifel begegnen.

Aus solcher Charakterschilderung sind aber zum Verständnisse des Verhältnisses, in welchem sich der Geschichtschreiber zu dem in den Reden niedergelegten Materiale fühlt, die folgenden Urtheile von Erheblichkeit, auch mit Rücksicht darauf, dass sie zum Theile

---
[1] ὅπερ φιλεῖ ὅμιλος ποιεῖν, II, 65, 2.
[2] S. 3, Anm. 4.

perikleïschen Aeusserungen widersprechen, zum Theile früher gebrachte Ansichten des Geschichtschreibers einschränken.

In den betreffenden Satztheilen biete ich einige Male für einzelne Worte sonst nicht übliche Erklärungen durch Uebersetzungen, welche der kundige Leser erwägen möge. Der Umstand ist jedoch für die Würdigung des zunächst zu Erörternden stets in Betracht zu ziehen, dass diese Schilderung die letzte unter den verschiedenen vorliegenden des Autors sein dürfte, wie sie denn mit einer Uebersicht der Geschichte des atheniensischen Reiches bis zur entscheidenden persischen Geldunterstützung der Spartaner und bis zur Auflösung desselben verbunden ist, welche hier wesentlich auf die innere Zwietracht — wie mir scheint: nicht mit Recht — zurückgeführt wird.[1]

‚So sehr über alle Erwartung bewährte sich damals‘, so schliesst die Charakterisirung, ‚was Perikles vorhersah, dass sie auch ganz leicht über die Peloponnesier allein hätten die Oberhand behalten können‘. Der Autor hat doch hier nur den oben[2] erwähnten Redeauszug in Erinnerung mit den Schlagworten, welche die Gesichtspunkte für eine richtige Kriegführung enthalten; aber er setzt sich in zweifellosen Widerspruch mit dem Inhalte der ersten perikleïschen Rede.

Nun habe ich es[4] für nicht unmöglich erklärt, dass in dieser Rede der auf die Befestigung Dekeleias durch die Spartaner und auf die Vertheidigung des eroberten Pylos durch die Athener ganz zwanglos deutbare Satz,[5] selbstverständlich auf Grund von Perikles' damals gesprochenen Worten, erst nachträglich eingefügt sei, wie denn nach seiner Ausscheidung der Zusammenhang nicht leidet. Mindestens die Leichtigkeit der Behauptung besetzter feindlicher Küstenplätze oder dem Feindeslande vorliegender Inseln durch die seemächtigen Athener ist ja auch im Jahre 425 oder 424 von dem conservativen Verfasser der Streitschrift über deren Staat behauptet worden[6] und konnte nur so mehr Gelegenheit geben, Perikles die Priorität zu sichern. Allein die Annahme der spätern Einschiebung eines Satzes, auch ohne Rücksicht auf die kläglichen vaticinia ex eventu, in eine der von Thukydides schon künstlerisch geformten Reden ist immer höchst bedenklich.

e) Thukydides' Abneigung gegen Correcturen ausgearbeiteter Stücke seines Werkes.

Ein sprechendes Zeugniss, wie wenig der grosse Schriftsteller geneigt war, Correcturen in ausgearbeiteten Stücken vorzunehmen oder anders ausgedrückt: seine eigene menschliche Fehlbarkeit — und vollends die seiner in den Reden lebenden Figuren — zu verdecken, dürfte zunächst folgende, dem nächsten, also dritten Abschnitte der ursprünglichen Composition des Werkes angehörige Thatsache geben, der sich eine andere aus dem im Titel dieses Excurses genannte anreihen wird. Bei der Aufzählung der Bundesgenossen beider

---

[1] καὶ οὐ πρότερον ἐνέδοσαν ἢ αὐτοὶ ἐν σφίσι κατὰ τὰς ἰδίας διαφορὰς περιπεσόντες ἐσφάλησαν, II, 65 am Ende vor den in der folgenden Anmerkung citirten Worten.
[2] Τοσοῦτον τῷ Περικλεῖ ἐπερίσσευσε τότε ἀφ' ὧν αὐτὸς προέγνω καὶ πάνυ ἂν ῥᾳδίως περιγενέσθαι (ἕως περιεσεσθαι heisst es in dem Redeauszug § 4 desselben Kapitels 65) τῶν Πελοποννησίων αὐτῶν τῇ πολέμῳ.
[3] S. 28 mit Anm. 3 auf S. 27.
[4] Im ersten Theile Kap. I, § 1, S. 9.
[5] Φρούριον δ' εἰ ποιήσονται bis ταῖς ναυσὶν ἀμύνεσθαι, I, 142, 2.
[6] II, 13 der gewöhnlichen Zählung mit den Erklärungen A. Kirchhoff's in den Abhandlungen der Berliner Akademie 1878, S. 12 ff. und 1874, S. 13 f.

Grossmächte im Beginne des Krieges¹ sind keine Thessaler erwähnt. Doch haben solche gegen das peloponnesische Heer bei dessen erstem Einfalle in Attika gute Dienste geleistet, indem ein Theil ihrer aus sieben thessalischen Stadtbezirken stammenden und je unter eigenem Commando stehenden Reiterei mit einer Abtheilung der aus den höheren Ständen sich recrutirenden athenischen vereinigt gegen boiotische Reiterei focht; erst bei diesem Anlasse gedenkt unser Autor nicht nur ihrer taktischen Eintheilung, sondern überhaupt der thessalischen Hilfstruppen zum ersten Male, indem er sein früher gegebenes Verzeichniss stillschweigend ergänzend bemerkt, sie seien „den Athenern gemäss dem alten bundesgenossenschaftlichen Verhältnisse zugezogen".² Vollends in einer Rede einen Widerspruch gegen eine Behauptung unsres Autors zu finden, wird uns nicht Wunder nehmen.

f) Widersprüche gegen den Inhalt perikleischer Reden.

Da liest man nun in Perikles' zum Kriege mahnender Rede, kurz vor jenen auf Dekeleia und Pylos beziehbaren Vorhersagungen, über die Spartaner: „das Wichtigste ist: sie werden durch den Mangel an Geldmitteln gehemmt werden, wann ihre Verwilligungen allmälig zögernd einkommen: die rechten Zeitpunkte lassen eben im Kriege nicht auf sich warten".³ Trotz der etwas vulgären Schlusslehre kann man nicht läugnen, dass Perikles die Möglichkeit persischer Unterstützung nicht ins Auge gefasst hat.

Ganz ausdrücklich gedenkt er nur einer zweiten Möglichkeit, welche schon von den Korinthern in Sparta mit einer andern erwähnt wird, die Perikles ebenfalls für unzulässig erklärt. Die Korinther behaupten nämlich, was freilich auch vorher von dem spartanischen Könige Archidamos⁴ und später, trotz näherer Angaben über die Ausführbarkeit, von den peloponnesischen Schiffscommandanten⁵ vor Rhion eigentlich auch bestritten wird, dass sie nach einiger Uebung im Marineberufe durch ihre Herzhaftigkeit zum Siege kommen⁶ und zu diesem Zwecke mit eigenen Mitteln und Anleihen von den Tempelschätzen zu Delphi und Olympia durch bessere Bezahlung die fremde Schiffsmannschaft der Athener werben können; sie heben hervor, dass die Macht der Athener an Geld zu haben sei und nicht auf eingeborener Kraft ruhe.⁷ Auf diese von atheniensischen Gesandten zu Hause berichtete korinthische Ansehauung erwidert Perikles Folgendes: „Wenn die Peloponnesier auch einen Theil der Schätze von Olympia und Delphi in Umlauf bringen und durch höheren Sold uns die fremde Schiffsmannschaft abwendig zu machen suchen, so wäre es freilich schlimm, wenn wir nicht selbst mit unseren Beisassen als Bemannung ihnen gewachsen wären. Das ist nun aber nicht nur der Fall, sondern, was die Hauptsache ist: unsere Bürgerschaft stellt

---

¹ II, 9. Die fünf uns aus den Tributlisten bekannten Steuer- oder Verwaltungsgebiete erscheinen, doch wohl nach anderer officieller Bezeichnung, durch Trennung der inschriftlich vereinigten ‚Inseln' und karischen Gebiete als sieben: Καρία ἡ ἐπὶ θαλάσσῃ, Δωριεῖς Καρσὶ πρόσοικοι, Ἰωνία, Ἑλλήσποντος, τὰ ἐπὶ Θρᾴκης, νῆσοι ὅσαι ἐντὸς Πελοποννήσου καὶ Κρήτης πρὸς ἥλιον ἀνίσχοντα, πᾶσαι αἱ ἄλλαι Κυκλάδες πλὴν Μήλου καὶ Θήρας.

² Ἡ δὲ βοήθεια αὕτη τῶν Θεσσαλῶν κατὰ τὸ παλαιὸν ξυμμαχικὸν ἐγένετο τοῖς Ἀθηναίοις καὶ ἀφίκοντο παρ' αὐτοὺς κ. τ. λ., II, 22, 3.

³ Μέγιστον δέ· τῇ οὖν χρημάτων σπάνει κωλύσονται ὅταν σχολῇ αὐτὰ πορίζωμενοι διαμέλλωσιν· τοῦ δὲ πολέμου οἱ καιροὶ οὐ μενετοί. I, 142, 1.

⁴ εἰ δὲ μελετήσομεν καὶ ἀντιπαρασκευασόμεθα, χρόνος ἐνέσται. I, 80, 3.

⁵ .. τῶν δὲ (der Athener) ἡ ἐμπειρία ἣν ἐπιστήμῃ πλεῖστα φοβεῖσθε, ἀνδρίαν μὲν ἔχουσα καὶ μνήμην ἕξει ἐν τῷ δεινῷ ἐπιτελεῖν ἃ ἔμαθεν, ἄνευ δ' εὐψυχίας οὐδεμία τέχνη πρὸς τοὺς κινδύνους ἰσχύει. II, 87, 3.

⁶ μελετήσομεν καὶ ἡμεῖς ἐν πλέονι χρόνῳ τὰ ναυτικά, καὶ ὅταν τὴν ἐπιστήμην ἐς τὸ ἴσον καταστήσωμεν, τῇ γε εὐψυχίᾳ δή που (vgl. die vorige Anmerkung) περιεσόμεθα. I, 121, 3.

⁷ ναυτικόν τε, ᾧ ἰσχύουσιν, ἀπὸ τῆς ὑπαρχούσης τε ἑκάστῳ οὐσίας ἐξαρτυσόμεθα καὶ ἀπὸ τῶν ἐν Δελφοῖς καὶ Ὀλυμπίᾳ χρημάτων· δάνεισμα γὰρ ποιησάμενοι ὑπολαβεῖν οἷοί τε ἐσμὲν μισθῷ μείζονι τοὺς ξένους αὐτῶν ναυβάτας· ὠνητὴ γὰρ Ἀθηναίων ἡ δύναμις μᾶλλον ἢ οἰκεία. I, 121, 2.

mehr und bessere Steuerleute und sonstige Schiffsbedienung, als das ganze übrige Hellas.¹ Wie man sieht, haben die Korinther und keineswegs Perikles Recht behalten, wenn auch die Gelder für die Soldzahlung der Schiffsmannschaft wesentlich nicht von Tempelschätzen, sondern aus dem persischen Reichsschatze kamen. Thukydides' letzte Lobpreisung der Voraussicht des grossen attischen Staatslenkers lässt sich aber, wie schon bemerkt, nur rechtfertigen, wenn sie sich ausschliesslich auf die von ihm kurz vorher und nur nach ihren Hauptgedanken in indirecter Rede vorgeführte Ideenfolge desselben bezieht, während sie der regelrecht ausgeführten ersten Rede desselben widerspricht.

Es mag für frühere Zeiten schon richtig sein,² was der Geschichtschreiber ferner behauptet, gerade für die oben besprochene Scheltrede und deren bald vorübergehende, vielmehr grosser Erbitterung und einer Bestrafung des Redners weichende Wirkung³ hat es nach unsres Autors eigenem Berichte keine Giltigkeit. Dies Urtheil lautet: „Wann immer er bemerkte, dass sie, entgegen der Situation, aus Uebermuth kühn sein wollten, stimmte er sie durch seine Rede zum Besorgtsein herab; wenn sie anderseits unvernünftig in Angst fielen, trat er ihnen wiederum entgegen und brachte sie zur Kühnheit."⁴

„Und dem Namen nach war es wohl Demokratie, thatsächlich aber Herrschaft durch den ersten Mann."⁵ So fährt unser Autor fort; da könnte man aber doch nicht sagen, dass dies dem Eindrucke entspricht, welchen die bis hieher reichenden Erzählungen desselben aus athenieusischer Geschichte und vollends seine perikleïschen Reden machen. Es dürfte vielmehr ein gleichzeitiger, an das eigenthümliche Leben einer streng geordneten Demokratie gewöhnter Leser ebenso gedacht haben, wie heute über diesen Satz Jeder urtheilen wird, der Gelegenheit gehabt hat, einen durch lange Zeit führenden Politiker in einem schweizerischen Canton oder in einem nordamerikanischen Unionsstaate zu beobachten; der Einfluss eines solchen kann sich für die gewöhnliche Geschäftsleitung gelegentlich despotisch fühlbar machen, bei den grossen Entscheidungen wird seine Meinung oft genug nicht beachtet. So haben wir gesehen, wie allem Anscheine nach die Epimachie mit Korkyra gegen Perikles' Ansicht geschlossen wurde;⁶ unser Autor meldet selbst, wie ohne Rücksicht auf ihn, der noch in voller Machtfülle stand, Friedensverhandlungen mit den Spartanern versucht und von diesen freilich schnöde abgewiesen wurden.⁷

Genau schliesst sich Thukydides für die Zeichnung der vorzüglichsten Eigenschaften des grossen Volksführers⁸ an die Selbstschilderung an, welche Perikles den versammelten Bürgern von sich entworfen hat, indem er ihnen (II, 60) die vier Tugenden⁹ nannte

---

¹ Εἰ δὲ καὶ ἀνείραντες τῶν Ὀλυμπίασιν ἢ Δελφοῖς χρημάτων μισθῷ μείζονι πειρῷντο ἡμῶν ὑποκαβεῖν τοὺς ξένους τῶν ναυτῶν, μὴ ὄντων μὲν ἡμῶν ἀντιπάλων ἐσβάντων αὐτῶν τε καὶ μετοίκων (wie im Jahre 405 nicht geschah!) δεινὸν ἂν ἦν· νῦν δὲ τόδε τε ὑπάρχει καί, ὅπερ κράτιστον, κυβερνήτας ἔχομεν πολίτας καὶ τὴν ἄλλην ὑπηρεσίαν πλείους καὶ ἀμείνους ἢ πᾶσα ἡ ἄλλη Ἑλλάς. I, 143, 1.
² Vgl. im ersten Theile Kapitel I. § 1, S. 16.
³ ... δημοσίᾳ μὲν τοῖς λόγοις ἀνεπείθοντο καὶ οὔτε πρὸς τοὺς Λακεδαιμονίους ἔτι ἔπεμπον ἔς τε τὸν πόλεμον μᾶλλον ὥρμηντο, ἰδίᾳ δὲ τοῖς παθήμασιν ἐλυποῦντο· ... οὐ μέντοι πρότερόν γε οἱ ξύμπαντες ἐπαύσαντο ἐν ὀργῇ ἔχοντες αὐτὸν πρὶν ἐζημίωσαν χρήμασιν. II, 65, 1.
⁴ Ὁπότε γοῦν αἴσθοιτό τι αὐτοὺς παρὰ καιρὸν ὕβρει θαρσοῦντας, λέγων κατέπλησσεν ἐπὶ τὸ φοβεῖσθαι, καὶ δεδιότας αὖ ἀλόγως ἀντικαθίστη πάλιν ἐπὶ τὸ θαρσεῖν. I, 65, 6.
⁵ ἐγίγνετό τε λόγῳ μὲν δημοκρατία, ἔργῳ δὲ ὑπὸ τοῦ πρώτου ἀνδρὸς ἀρχή. a. a. O.
⁶ Vgl. oben S. 10 und 16.
⁷ II, 59, 1 und 65, 1.
⁸ Wie mehrmals bemerkt, wurde dies schon im ersten Theile, S. 3, Anm. 4 mit einer Hinweisung berührt; hiezu vgl. den Eingang des vorliegenden Excurses.
⁹ Vgl. oben S. 28; doch gebe ich hier lieber die Schilderung des Mannes der vier Tugenden mit den Originalworten (II, 60, 4): γνῶναί τε τὰ δέοντα καὶ ἑρμηνεῦσαι ταῦτα, φιλόπολίς τε καὶ χρημάτων κρείσσων.

und erklärte, welche der leitende Staatsmann der Republik besitzen müsse. „Mächtig war er durch das ihm entgegengebrachte Vertrauen und seine Einsicht, eminent unzugänglich für Werthgaben, in freimüthiger Weise leitete er das Volk"[1] — was dann in schöner Ethik näher ausgeführt wird.

Eine vielleicht noch vollere Anerkennung wird dem hingeschiedenen Genius bei Gelegenheit der Erzählung von der Wiederberufung des Gestürzten zur Geschäftsleitung gewidmet. „So lange Zeit er dem Gemeinwesen vorstand, führte er dasselbe im Frieden massvoll und bewahrte es mit sicherer Hand, und es ward unter ihm am grössten; als aber der Krieg ausbrach, da scheint er auch in diesem die Leistungsfähigkeit desselben durchschaut zu haben. Noch lebte er zwei Jahre und sechs Monate. Als er gestorben war, wurde seine vorausstehende Berechnung in Bezug auf den Krieg noch in höherem Maase erkannt."[2] Das sind doch aber mit ihrem ‚scheint‘ und der steigenden nachträglichen Würdigung von Perikles' Kriegsleitung seltsame, fast entschuldigende Worte.

g) Thukydides frühere Ansichten über Perikles.

In der That hat unser Autor früher ganz andere Anschauungen niedergelegt und nach seiner Weise auch jetzt unverändert stehen gelassen, so dass uns in aller Aufrichtigkeit die Wandlung seiner Urtheile überliefert bleibt.

Es liegt ein scharfer, noch zu Perikles' Todesjahre erhobener Widerspruch gegen die oben (S. 31) berührte perikleische Lobpreisung der Unwiderstehlichkeit von Athen's maritimer Grösse und gegen die immer wieder von Perikles betonte Fülle der athenienischen Geldmittel in des Geschichtschreibers noch von einem andern Gesichtspunkte[3] zu beleuchtender Aufführung der regelmässigen Jahreseinkünfte des thrakisch-odrysischen Reiches von ungefähr achthundert Talenten an Gold und Silber allein (II, 97), vor Allem aber in der Lobpreisung der Skythen. Nicht als ob hiezu ein anderer Anlass als der formelle einer Vergleichung der Machtmittel des thrakischen Volkes mit denen seiner nördlichen, militärisch überlegenen Nachbarn[4] sich geboten hätte. Aber unser Autor ergreift diese Gelegenheit, um mit dürren Worten seine Meinung dahin auszusprechen, der skythischen Kriegskraft und Heereszahl unmöglich gleich zu halten sei nicht nur, was es in Europa gebe (οὐχ ὅτι τὰ ἐν τῇ Εὐρώπῃ), sondern auch mit irgend welchem Volke Asiens, vorausgesetzt, dass die Skythen éines Sinnes seien. ‚Freilich in Bezug auf sonstige gute Berathschlagung und Verstand rücksichtlich der Vorkommnisse des Lebens sind sie mit Anderen nicht zu vergleichen.‘ Als die ‚Anderen‘ sollen wohl zunächst die Athener verstanden werden, und die Nutzanwendung von ihrer angeblichen Unwiderstehlichkeit liegt auf der Hand.

Was ‚das Geldeinkommen und den übrigen Zustand von Glückseligkeit‘ betrifft, so macht Thukydides darauf aufmerksam, dass in beiden Beziehungen das thrakisch-odrysische Reich

---

[1] δυνατὸς ὢν τῷ τε ἀξιώματι καὶ τῇ γνώμῃ, χρημάτων τε διαφανῶς ἀδωρότατος γενόμενος κατεῖχε τὸ πλῆθος ἐλευθέρως, II, 65, 5.
[2] ὅσον τε γὰρ χρόνον προὔστη τῆς πόλεως, ἐν τῇ εἰρήνῃ μετρίως ἐξηγεῖτο καὶ ἀσφαλῶς διεφύλαξεν αὐτὴν καὶ ἐγένετο ἐπ' ἐκείνου μεγίστη· ἐπεί τε ὁ πόλεμος κατέστη, ὁ δὲ φαίνεται καὶ ἐν τούτῳ προγνοὺς τὴν δύναμιν· ἐπεβίω δὲ δύο ἔτη καὶ μῆνας ἕξ· καὶ ἐπειδὴ ἀπέθανεν ἐπὶ πλέον ἔτι ἐγνώσθη ἡ πρόνοια αὐτοῦ ἡ ἐς τὸν πόλεμον. Dann folgt die perikleïsche Redeausung mit den Schlagworten, II, 65, 3.
[3] Unten Kapitel 2, § 1 c.
[4] Treffend bemerkt Krüger zu der Stelle (II, 97, am Ende) von dieser ἀρχή . . πολὺ θατέρα, dass hier ein ‚schneidender Widerspruch gegen Herodot V, 3 vorliege‘.

5

‚das grösste zwischen dem adriatischen und schwarzen Meere sei'.[1] Deutlicher kann man dem athenicnsischen Anspruche und der perikleïschen Berühmung in beiden Beziehungen nicht entgegentreten.

Mit welcher Energie hat doch Perikles immer die Nothwendigkeit der Preisgebung des platten Landes von Attika, der Bergung des Landvolkes und seines Besitzes innerhalb der weiten Unmauerung der Hauptstadt mit ihren Häfen, die Schädigung des Feindes vornehmlich durch maritime Expeditionen gelehrt und ausgeführt. Ganz abgesehen von den wirksamen Ermahnungen bei Gelegenheit der Preisgebung seiner eigenen Landgüter,[2] hat er noch in der Scheltrede unmittelbar nach den stolzen Worten von der Unwiderstehlichkeit der attischen Seemacht die Zuhörer erinnert (II, 62), dass sie eine solche Macht nicht nach den Häusern und dem bebauten Lande, die ihnen nach ihrer Meinung verloren seien, beurtheilen, ihre Gärtchen und Prunkstücke im Vergleiche dazu für nichts halten; überzeugt sein sollen sie, dass all dergleichen mit Erhaltung ihrer Unabhängigkeit leicht wiederzugewinnen sei; an die Vorfahren erinnert er sie, welche in Beidem — in grossherziger Räumung des Landes und in siegreichem Kampfe — unter weit schwierigeren Umständen das zu wahrende Erbe hinterlassen haben.[3] Schon in der ersten uns überlieferten, zur Führung des aufgenöthigten Krieges drängenden Rede hatte er die Nothwendigkeit der Räumung des platten Landes mit Verachtung über das zu gewärtigende ‚Wehklagen über Häuser und Land' eingeschärft und: wie nicht solcherlei die Männer schafft, sondern wie die Männer dieses erwerben. Er geht so weit, ihnen das zu empfehlen, was im Jahre 1812 Graf Rostoptschin grossherzig vor Moskau gethan hat, ehe er die Stadt in Flammen setzte: den eigenen Landbesitz zu zerstören, um den Peloponnesiern zu zeigen, um was man sich wehre.[4]

Die Verwerfung dieser Kriegsmethode von Seiten unsres Autors ist aber in der bis zum Ende von Perikles' Scheltrede (II, 67) reichenden Darstellung eine vollkommene. Das ist nun freilich keine Grenzbezeichnung, welche sich als genügend erweisen dürfte; aber ich vermag weder zu erkennen, welcher frühere Schluss dieser Abtheilung unsres Werkes durch die jetzige späte Einlage über Perikles' Wirksamkeit und Tod (II, 65) vorhanden gewesen sein mag, noch ganz bestimmt zu sagen, ob hier ein Abschnitt oder zwei, etwa den beiden ersten, sich noch deutlich abhebenden,[5] vergleichbare, nämlich ähnlich gegliederte, vorliegen. Immerhin wird man auch hier, von der erwähnten Einlage abgesehen, nur eine gleichzeitige Arbeit zu erkennen haben, welche der Geschichtschreiber nach überstandener Pest im Laufe des Jahres 429 wesentlich zum Abschlusse gebracht habe, da auch die wenigen intimeren Nachrichten von feindlicher, speciell von spartanischer Seite bei des in Attika so wohl bekannten Königs Archidamos Einbrüchen direct zu erhalten oder von peloponnesischen Kriegsgefangenen zu erfragen nicht eben schwer gewesen sein dürfte und die in der Beschreibung der Pest vorliegende zwiefache Bearbeitung auch mit dem Winter des Jahres 429 sehr wohl beendet gewesen sein kann.

Da findet sich nun, um von dem letzterwähnten Stücke auszugehen, zunächst (II, 52) die Klage, dass der Zusammenfluss der Leute vom Lande in die Stadt die Bedrängniss

---

[1] . . . ἐπὶ μέγα ἦλθεν ἡ βασιλεία ἰσχύος· τῶν γὰρ ἐν τῇ Εὐρώπῃ ὅσαι μεταξὺ τοῦ Ἰονίου κόλπου καὶ τοῦ Εὐξείνου πόντου μεγίστη ἐγένετο χρημάτων προσόδῳ καὶ τῇ ἄλλῃ εὐδαιμονίᾳ a. a. O. unmittelbar vorher. Vgl. τὸ εὔδαιμον τὸ ἐλεύθερον in Perikles' Grabrede und die Ausführungen über das athenische Einkommen in den beiden Kriegsreden desselben.
[2] II, 13 mit dem oben S. 27 Bemerkten.
[3] II, 62.
[4] ὅτι τούτων γε ἕνεκα οὐχ ὑπαχούσονται, I, 143 am Ende.
[5] Vgl. oben S. 13 und 16, Anm. 5.

durch die Krankheit steigerte (ἐπίεσε μᾶλλον). Wir erfahren, wie wenig schon in diesem zweiten Kriegsjahre für diese hereingezwungenen Mitbürger innerhalb der Stadtbefestigung gesorgt war oder wie gleichgiltig und feldzugsmässig die Sache betrieben ward; es waren keine Häuser vorhanden, die Leute wohnten in der Sommerhitze in dumstigen Hütten (ἐν καλύβαις πνιγηραῖς) oder dichtgedrängt in Heiligthümern. Trotz der Nachahmung des während der persischen Landbesetzung in den Jahren 480 und 479 Geschehenen, wie wir hinzufügen dürfen, wurde mindestens nach dem Pestausbruche die damals durchgeführte straffe militärische Ordnung jetzt nicht gehandhabt. Noch einmal wird dem Leser gegen den Schluss dieser Beschreibung die lässige, unbekümmerte und unbedachte Geschäftsleitung ins Gedächtniss gerufen. „So von Leid und Drangsal waren die Athener bei dieser Heimsuchung umgeben, da, während die Leute drinnen starben, draussen das Land verheert wurde."[1]

Dem entspricht nun die Schilderung unsres Geschichtschreibers von der Fahrlässigkeit der Vorkehrungen bei dem Beginne des Krieges, bei welchem nach seiner Versicherung ohnehin „die weit überwiegende Sympathie der Menschen mehr auf Seite der Lakedämonier stand, vollends, da diese die Befreiung Griechenlands verkündeten,"[2] wie das eine später von ihm vorgelegte Rede des Königs Archidamos bestätigt oder zuerst behauptet,[3] da die Uebereinstimmung des Gedankens und zum Theile der Worte wohl auch hier die urkundliche Rede als des Autors Quelle zu betrachten lehrt.

Freilich war im ersten Kriegsjahre doch einige Vorsorge für die zur patriotischen Uebersiedlung Veranlassten getroffen (II, 17). Ganz abgesehen von den Unterkünften bei Freunden oder Verwandten waren von Staatswegen sonst sacral für Bewohnung untersagte Plätze, die meisten Heiligthümer und die Mauerthürme angewiesen, eigentliche Häuserwohnungen aber nur für wenige Begünstigte (ὀλίγοις τισίν) bereit gehalten. Schon jetzt mussten die Meisten sich selbst unterzubringen suchen (ὡς ἕκαστός που ἐδύνατο).

Dazu sei die Uebersiedlung so verspätet angeordnet worden, dass „man meinte, die Peloponnesier hätten bei raschem Anmarsche die damals hereinziehenden Athener noch insgesammt ausserhalb abfassen können".[4] Vornehmlich absichtlicher Zögerung des Königs Archidamos schreibt unser Autor, wie das zürnende Heer neben dem Warten am Isthmus die für den peloponnesischen Erfolg so schädliche Verzögerung zu.

h) Thukydides' principielle Einwände gegen Perikles.

Ganz unabhängig von diesen praktischen Erfahrungen erklärt sich Thukydides, im Gegensatze zu seiner spätern Billigung, in dieser unter dem frischen Eindrucke der Ereignisse geschriebenen Schilderung gegen die ganze Theorie der Landräumung als der Natur und dem Werden des attischen Volkes entgegengesetzt. Er schildert, wie die Leute den Holzbestand ihrer Häuser bei der Uebersiedlung abbrachen, ihren Besitz an Schafen und Rindern über See schickten. Da führt er nun in dem wahrscheinlich frühesten seiner antiquarischen Excurse (II, 15) näher aus, wie seit dem Alterthume die Athener mehr als Andere lange vor der Zusammensiedlung durch Theseus zugleich dem Landbau obgelegen

---

[1] Τοιούτῳ δὲ πάθει οἱ Ἀθηναῖοι περιπεσόντες ἐπιέζοντο, ἀνθρώπων τ᾽ ἔνδον θνῃσκόντων καὶ γῆς ἔξω δῃουμένης, II, 54, 1.
[2] Ἡ δὲ εὔνοια παρὰ πολὺ ἐποίει τῶν ἀνθρώπων μᾶλλον ἐς τοὺς Λακεδαιμονίους, ἄλλως τε καὶ προειπόντων ὅτι τὴν Ἑλλάδα ἐλευθεροῦσιν, II, 8, 3.
[3] Ἡ γὰρ Ἑλλὰς πᾶσα ... εὔνοιαν ἔχουσα διὰ τὸ Ἀθηναίων ἔχθος πρᾶξαι ἡμᾶς ἃ ἐπινοοῦμεν, II, 11, 2.
[4] Οἱ γὰρ Ἀθηναῖοι ἐταμιεύοντο ἐν τῷ χρόνῳ τούτῳ, καὶ ἔδεισαν οἱ Πελοποννήσιοι ἐπελθόντες ἂν διὰ τάχους πάντα ἔτι ἔξω καταλαβεῖν. II, 18, 3.

und mit ihren wohlgeordneten städtischen Gemeinden sich voller Autonomie erfreut, gelegentlich auch befehdet hätten; die wichtigsten sacralen Bräuche weisen nach seiner Ueberzeugung ebenfalls darauf hin.

Noch einmal fasst er dann in einem besondern Satze diese seine Ideen von der unverbrüchlichen Autonomie und ländlichen Sesshaftigkeit der Bevölkerung Attika's zusammen.[1] Ausdrücklich verzeichnet er dann, mit wie schwerem Herzen[2] die Leute sich von ihren Häusern und Heiligthümern trennten und bei dem Verlassen der eigentlichen Heimat (τὴν πόλιν τὴν αὐτοῦ ἀπολείπων) sich in eine neue Lebensweise zu finden suchen mussten.

Ausdrücklich macht er darauf aufmerksam, wie dieser attischen Bevölkerung Umsiedlung widerstreite, und wie sie ‚überdies noch neuerlich nach den Perserkriegen ihre häuslichen Einrichtungen wieder hergestellt hatte'; [3] das ist ja bei Aristophanes in ‚Acharnern' und ‚Frieden' anmuthig genug geschildert. Die nicht ausdrücklich gebrachte Schlussfolgerung aber ergibt sich von selbst: wenn der persische Barbar diese uralte Organisation einer glücklichen, sesshaften Bevölkerung durchbrochen hat, so ist keine heimische Staatsgewalt berechtigt, das gleiche Unheil anzurichten.

Es ist ein göttlichem und menschlichem Rechte gleichmässig widerstrebendes Verfahren, welches er hier ebenso tadelt, wie nach einem Vierteljahrhundert oder später ohne Rückhalt billigt. Von Anfang sehen wir ihn aber Perikles in dem unantastbaren Materiale der Reden sein Recht zu Theil werden lassen.

Und nun erhebt sich noch die schwierigste aller hieher gehörigen Fragen. Wie weit theilt Thukydides Perikles' Anschauungen von den höchsten Aufgaben des Staates? Niemand kann das Meisterwerk seiner Wiedergabe der Grabrede lesen, ohne von der tiefen Empfindung nicht nur des Redners, sondern auch des kunstreichsten aller Historiker mit ergriffen zu werden.

i) Vergleichungen mit Perikles.

Es sei mir an dieser Stelle gestattet, auf eine Vergleichung zurückzukommen, zu welcher ich mich oben (S. 29) veranlasst gesehen habe, um Perikles' Bestrafung und zeitweilige Absetzung durch die Athener zu erklären. Bei aller Achtung vor einem so erleuchteten und wirksamen Minister wie Lord Chatham gewesen ist, liegt es mir doch, wenn das an sich bedenkliche Gebiet der menschlichen Werth- und Charaktervergleichung von dem Historiker doch einmal betreten werden soll, selbstverständlich gänzlich fern, mit Perikles einen Wilhelm Pitt zusammenzustellen, auch nicht den Jüngern, den Sohn, der ebenfalls einen aufgenöthigten französischen Krieg so kühn als glücklich durchgeführt hat. Vollends mit irgend welchem Römer, und nun gar mit dem von Plutarch in so unschuldiger Conversation[4] herbeigezogenen Fabius Maximus, möchte ich entfernt nicht wagen: nichts dürfte ohnehin unzulässiger sein, als Männer so grundverschiedener Lebensbedingungen, wie Griechen und Römer je in ihrer Blüthezeit, neben einander betrachten zu wollen, wenn

---

[1] ἤ τε οὖν ἐπὶ πολὺ κατὰ τὴν χώραν αὐτονόμῳ οἰκήσει μετεῖχον οἱ Ἀθηναῖοι καὶ ἐπειδὴ ξυνῳκίσθησαν, διὰ τὸ ἔθος ἐν ταῖς ἀγροῖς ὅμως οἱ πλείους τῶν ἀρχαίων καὶ τῶν ὕστερον μέχρι τοῦδε τοῦ πολέμου πανοικησίᾳ γενόμενοι, II, 16.

[2] ἐβαρύνοντο τε καὶ χαλεπῶς ἔφερον οἰκίας τε καταλιπόντες καὶ ἱερά κ. τ. λ., a. a. O.

[3] Οὐ ῥᾳδίως τὰς μετανατάσεις ἐποιοῦντο ἄλλως τε καὶ ἄρτι ἀνειληφότες τὰς κατασκευάς μετὰ τὰ Μηδικά, a. a. O., unmittelbar vorher.

[4] Aber keineswegs liegt der Fehler darin, wie der liebenswürdige Schriftsteller meint (c. 3), dass ἡ δύναμις μάζων ἡ τῷ Περικλέους καὶ τὸ κράτος gewesen ist — abgesehen davon, dass Perikles nie riskiren durfte, was einem römischen Dictator gestattet, auch von Fabius geübt ward.

ich es auch selbst in der Darstellung des endenden altrömischen Patriciates einmal für erlaubt gehalten habe, Cicero's und Demosthenes' Wirksamkeit als Redner in eine Parallele zu bringen.

Sieht man aber Perikles' nur in indirecter Form gebrachte zweite Kriegsrede mit ihrer Ermunterung zur Landräumung und mit ihren Ziffernsummen näher an, so wird man bald gewahr, was uns bei Plutarch ausdrücklich und genügend überliefert ist, dass diese Staatsleitung und diese Redekunst nicht am wenigsten die Frucht eifrigsten Studiums, eines unablässigen Fleisses sind; hiebei verbindet sich aber eine zuweilen zudringlich erscheinende und lästig werdende Neigung zu jenem belehrenden Tone, dessen abgemessenstes Exempel sich in jenen oben (S. 28) nicht zur Besprechung gelangten fast platten Sätzen der Selbstschilderung[1] in der Scheltrede findet. Solch didaktische Allüren[2] werden einem Staatsmanne doch geläufig, der wie dieser hellenische seine Ziele nur durch stete eindringliche Ueberzeugung seines Souveräns, des attischen Volkes, zu erreichen vermag.

Sofort stellt sich hier das Gegenbild Richelieu's dar, der seinen bequemen, argwöhnischen, zur Despotie, ja zur Grausamkeit neigenden Souverän durch stete eindringliche Vorträge und Denkschriften zu belehren und zur Thätigkeit zu bringen wusste. Wir freilich sind, ganz anders als bei Perikles, jetzt im Stande, des grossen Cardinals Arbeitsweise und Arbeitsergebnisse bis auf Zeile und Stunde nachzugehen, seit die bewunderungswürdige Bearbeitung seiner Schriften durch den Herrn Vicomte d'Avenel ihn uns nicht nur selbst mit der Feder in der Hand kennen gelehrt, sondern auch gezeigt hat, wie seine Secretäre abwechselnd mit der Feder den kühnen und raschen Hervorbringungen dieses Geistes folgten. Bei Perikles liegen uns nur Ergebnisse der Arbeit vor, welche kaum hie und da Schlussfolgerungen auf den Weg ihrer Entstehung gestatten. Darin aber berühren sich weiter die beiden Staatslenker, dass jeder von ihnen die Durchdringung seines Volkes mit grossen Culturaufgaben, die Erhebung desselben zu einer durchaus geistigen Führerrolle der Zeitgenossen als ihren höchsten Beruf betrachten.

Nur dass hiemit auch die Aehnlichkeiten des athenischen und des französischen Politikers enden. Denn bald und vollends aus dem Schwingenschlage des Redners am Grabe der bei der unvergänglichen Arbeit dieses Volkes Gefallenen gewahrt man, dass auch der grosse Cardinal nicht an diese Seelenkraft reicht, welche, jeder selbstischen Sorge um vergängliche Ziele frei entrückt, durchaus ein für alle Zeiten bleibendes Gut zu schaffen bestrebt, die Hörer gleichsam aus der Gegenwart in die Zukunft zu tragen bemüht und befähigt ist.[3]

Da gibt es nur noch das in seinen Predigten und Ausschreiben fortlebende Bild Bernhards von Clairvaux, von dessen Worten König Konrad III. und so viele Andere bekannt haben, dass sie von ihnen wider ihren Willen emporgerissen wurden, ihrer selbst gleichsam

---

[1] ὅ τι γὰρ γνοὺς καὶ μὴ σαφῶς διδάξας ἐν ἴσῳ καὶ εἰ μὴ ἐνεθυμήθη· ὅ τ' ἔχων ἀμφότερα τῇ δὲ πόλει δύσνους οὐκ ἂν ὁμοίως τι οἰκείως φράζοι· προσόντος δὲ καὶ τοῦ δὲ χρήματι δὲ νικωμένου τὰ ξύμπαντα τούτου ἑνὸς ἂν πωλοῖτο, II, 60, 4.

[2] Mit dem ganzen Tone der Scheltrede gehört hieher aus der Grabrede (II, 36, 1), ἀρξομαι δ' ἀπὸ προγόνων πρῶτον, (II, 42, 1) δι᾽ ὃ δὴ καὶ ἐμήκυνα τὰ περὶ τῆς πόλεως διδασκαλίαν τε ποιούμενος, aus der ersten Kriegsrede, (I. 141, 2) γνῶτε καθ᾽ ἕκαστον ἀκούοντες, (I, 143, 1) σκέψασθε δέ· εἰ γὰρ ἦμεν νησιῶται, τίνες ἂν ἀληπτότεροι ἦσαν;

[3] Ἀληπτοτέρα γὰρ ἀνδρὶ γε φρόνημα ἔχοντι ἡ ἐν τῷ μετὰ τοῦ μαλακισθῆναι κάκωσις ἢ ὁ μετὰ ῥώμης καὶ κοινῆς ἐλπίδος ἅμα γιγνόμενος ἀναίσθητος θάνατος, II, 43 am Ende.

[4] Οὕς (die Gefallenen) νῦν ὑμεῖς ζηλώσαντες καὶ τὸ εὔδαιμον (den Glückseligkeitszustand) τὸ ἐλεύθερον, τὸ δ᾽ ἐλεύθερον τὸ εὔψυχον (den Besitz voller Seelenkraft) κρίναντες μὴ περιορᾶσθε τοὺς πολεμικοὺς κινδύνους, II, 43, 3. Der beste Spartaner dieser Zeit, Brasidas, findet, dass seines Land Ruhm sei (θα τὸ εὔψυχον ἐλευθέρας), durch Seelenkraft zur Freiheit zu gelangen. V, 9, 1.

vergessen haben, als sie gegen den Rath des Papstes und aller erfahrenen, gescheidten Leute in Deutschland zu dem hochherzigen Unternehmen des zweiten Kreuzzuges sich verpflichteten.

k) Bestrittene Behauptungen der Grabrede.

Eben in der Grabrede entwirft nun bei unserm Autor der Staatsmann ein Bild von den Aufgaben und der Natur seines Volkes, wie es niemals wieder erschienen ist. Da mir jedoch nur obliegt, unseres Autors Stellung zu Wesen und Wirken des Staatsmannes zu zeichnen, hege ich keineswegs den Wunsch, noch bin ich in der Lage, die so zahlreichen Darlegungen dieses Kunstwerkes durch eine neue zu vermehren. Ich habe nur auf einige Momente aufmerksam zu machen, welche der Autor zur Charakteristik des Redners aufzunehmen entsprechend fand.

Man hört mit Erstaunen, dass einer der Vorzüge der Athener sei, dem Feinde nicht zu grollen, durch dessen Ueberlegenheit man Uebles erfahren habe[1] — eine religiöse Gesinnung, welche doch schwer belegbar, aber freilich ein Zeugniss von der hohen Meinung gibt, die der Redner von seinen Mitbürgern hegte. Es gehört dies auch zu den Belegen für die Ueberzeugung, der er ‚zusammenfassend‘ Ausdruck gibt, ‚dass dies ganze Staatswesen eine Bildungsstätte Griechenlands‘ sei[2]; weder in Sparta, noch in Korinth, noch gar in Theben hat man das jemals zugestanden, vielmehr dem früher besprochenen folgenden Satze, der die Athener als vielgewandt[3] rühmt, eine keineswegs günstige ethische Wendung gegeben. Auch das unmittelbar vorhergehende Lob konnte man in jenen Hauptstädten mit eigener grosser und edler Vergangenheit nicht zugestehen, dass die Athener ‚allein nicht so sehr aus Berechnung des Nutzbringenden als im Vertrauen auf die freie Gesinnung unbedenklich Hilfe leisten‘.[4]

Immerhin war die geistige Grösse in einigen unvergleichlichen Zügen auch vom Gegner nicht zu bestreiten. Das gilt zunächst der Ausführung über die Lebensführung. An der Spitze steht: ‚wir suchen das Edle in einfacher Haltung und widmen uns der Wissenschaft ohne Erschlaffung‘.[5] In diesem Sinne mag der Autor auch im Allgemeinen auf Beistimmung aller griechischen Leser in Bezug auf das rechnen, was von der mercantilen und vielfach auch sonstigen culturellen Centralstellung Athens gesagt wird, abgesehen natürlich davon, dass der Staat als Bildungsstätte Griechenlands keineswegs anerkannt, auch nicht zugestanden wird, was ein häufig wiederkehrendes Axiom dieses Staatsmannes ist: der attische Charakter sei dem spartanischen in innerer wie äusserer, politischer wie sacraler Haltung entgegengesetzt, ja geradezu überlegen.

Im Uebrigen wird man aber durchaus als wahr anerkannt haben, dass ‚von der ganzen Erde‘, soweit sie für Universalhistorie in dieser Zeit in Betracht kommt, oder doch aus jedem Lande in Athen ob seiner Grösse Alles eingeführt wird, so dass man dort die Hervorbringungen ‚der übrigen Menschheit wie die eigenen‘[6] geniesst. Dieser Vorzug ist

---

[1] μόνοι οὔτε τῷ πολεμίῳ ἐπελθόντι ἀγανάκτησιν ἔχει ὑφ' οἵων κακοπαθεῖ, II, 41, 2.
[2] ξυνελών τε λέγω τήν τε πᾶσαν πόλιν τῆς Ἑλλάδος παίδευσιν εἶναι, II, 41, 1.
[3] εὐτραπέλως. Vgl. im ersten Theile, Kapitel 1, § 4, S. 24 und Kapitel 2, § 2, S. 38.
[4] μόνοι οὐ τοῦ ξυμφέροντος μᾶλλον λογισμῷ ἢ τῆς ἐλευθερίας τῷ πιστῷ ἀδεῶς τινα ὠφελοῦμεν, II, 40 am Ende. Ich weiche hier und im Nächstfolgenden von den üblichen Erklärungen ab.
[5] φιλοκαλοῦμέν μετ' εὐτελίας καὶ φιλοσοφοῦμεν ἄνευ μαλακίας.
[6] καὶ ξυμβαίνει ἡμῖν μηδὲν οἰκειοτέρᾳ τῇ ἀπολαύσει τὰ αὐτοῦ ἀγαθὰ γιγνόμενα καρποῦσθαι ἢ καὶ τῶν ἄλλων ἀνθρώπων. II, 38.

freilich Attika durch Solon zu Theil geworden, dessen Perikles allem Anscheine nach nicht gedacht hat; denn unser Autor würde wahrscheinlich nach seiner antiquarischen Richtung diese Erwähnung voraussichtlich aufgenommen haben, wenn er auch über Solon's Legislation ja Namen sonst beharrlich schweigt.

Aber die Wirkung dieses unter Anderem auch für den Weltverkehr Attika's so heilsamen und unvergleichlichen Gesetzgebungswerkes wird in einer eben so präcisen als für die Hörer erhebenden und für die zeitgenössischen Leser unwidersprechlichen Weise geschildert. Wie in den militärischen Exercitien, unterscheide sich auch hierin der athenische Staat von der Weise der Gegner, indem er die Hauptstadt Allen eröffne, nie eine Fremdenaustreibung vornehme, Niemand von Unterricht oder Betrachtung ausschliesse, auch den Feinden ohne Verheimlichung die ‚Anschauung' von Athens Herrlichkeit ‚zu ihrem Nutzen' gönne, bei dem Allen das Vertrauen hege, dass wirksamer als Veranstaltungen und Täuschungen die zur Bethätigung treibende eigene Seelenkraft des attischen Volkes sei.[1]

l) Thukydides' politischer Gegensatz.

Den erhabenen Gedankenflug des Redners, der auch uns noch ergreift, mit dessen Worten in edlen Formen wiederzugeben, hat unser Autor in dieser ethisch höchst zu stellenden wie in den beiden anderen in directer Rede mitgetheilten perikleïschen Ansprachen nicht versäumt, aber, wie der Leser gesehen haben dürfte, zugleich in keiner, auch nicht in der Grabrede, unterlassen, auf die schwachen Seiten, sei es der Eigenart des grossen Staatsmannes, sei es seiner Beweisführungen, sei es auch der Lebensbedingungen des von ihm geleiteten Staates aufmerksam zu machen.

Und eben hier scheinen uns in Thukydides' Anschauungen vom Beginne des Werkes an Zweifel bestanden zu haben, welche der Gang der Ereignisse nur vermehren konnte.

Hier muss ich auf eine Aeusserung des Autors zurückkommen, welche im ersten Theile dieser Untersuchung (S. 20) bereits erwähnt ward, als es galt, der Stimmung nachzugehen, in welcher Thukydides das Walten der Vierhundert, ihren Sturz und die versuchte staatliche Neugestaltung schilderte.

Im Gegensatze zu dem stets von Perikles verkündeten Ruhme der damaligen athenischen Verfassung und im weitern Gegensatze zu deren, wie gesagt, nie genannter solonischer Grundlage, fast am Schlusse seiner auf uns gekommenen Aufzeichnungen, legt er zum Jahre 411 bei dem Berichte von der Verfassungsänderung nach dem Sturze der Vierhundert folgendes Bekenntnis ab.

‚Ganz besonders doch in der ersten Zeit scheinen die Athener, während meines Lebens mindestens, damals eine gute Verfassung gehabt zu haben;[2] denn es war eine gemässigte Mischung von Oligarchie und Demokratie, und dies hat zuerst den Staat aus übler Lage emporgebracht. Und man beschloss auch, dass Alkibiades und Andere zurückkehren sollten.' Es mag sein, dass diese Rückberufung des trotz seiner Fehler so hoch geschätzten Genossen den Autor für die neue Verfassung freundlich zu stimmen geeignet war. Das Bekenntniss bleibt aber trotzdem für uns wichtig genug. Es lässt uns verstehen, dass nach Thukydides' Auffassung mindestens in oder nach dem Jahre 404 die Verfassung zu Perikles' Zeit ihm erträglich

---

[1] ... πιστεύοντες οὐ ταῖς παρασκευαῖς τὸ πλέον καὶ ἀπάταις ἢ τῷ ἀφ' ἡμῶν αὐτῶν ἐς τὰ ἔργα εὐψύχῳ. II, 39, 1.
[2] καὶ οὐχ ἥκιστα δὴ τὸν πρῶτον χρόνον ἐπὶ γ' ἐμοῦ Ἀθηναῖοι φαίνονται εὖ πολιτεύσαντες. VIII, 97.

schien (II, 65, 6), weil sie nur ‚dem Worte nach Demokratie war'; wir sahen freilich (S. 32), dass der Autor hierin irrt.

Wie er nun aber den Sturz des perikleïschen Grossstaates allmälig erfolgen, die Spartaner aber auch mit Hilfe des nur bei dieser Uebersicht von Athens Niedergang erwähnten jüngern Cyrus zu vollem Siege und im Jahre 404 zu begründeter Aussicht auf Universalherrschaft gelangen sah, da mussten die alten Zweifel nur noch stärker hervortreten. War es hienach überhaupt möglich, einen Staat von der Idealität des perikleïschen und ein Herrschervolk mit all den künstlerischen und wissenschaftlichen Interessen, welche diesem Staate seine Berechtigung gaben, in der nun einmal bestehenden irdischen Ordnung zu erhalten?

Da wendet sich unser Blick zunächst noch einmal zu den, wie wir sahen, ältesten, dem Beginne des grossen Krieges angehörigen beiden Abschnitten über die Entstehung derselben. Hier und nur hier findet sich aus dem befähigtesten Munde des Königs Archidamos eine massvolle und nach allen Seiten zur Mässigung mahnende Darstellung der Eigenart des spartanischen Staates im Gegensatze namentlich zum athenienischen. Von der spartanischen Anschauung über Menschenwerth und Menschenerziehung finden sich hier folgende Erklärungen. Durch ihre Disciplin (εὔκοσμον) seien sie zugleich kriegerisch und wohlberathen geworden: kriegerisch durch Masshalten, welches mit der Ehrfurcht vor dem Ueberirdischen, und durch Seelenstärke, welche mit Scheu vor Unehrenhaftem vornehmlich verbunden seien; wohlberathen, weil sie etwas ungelehrt erzogen seien, die Gesetze nicht zu missachten. Uebrigens müsse man die Gesinnungen anderer Leute den unsrigen ähnlich geartet denken, auch ‚nicht meinen, dass ein Mensch sich viel von einem andern unterscheide und den für den besten halten, dessen Ausbildung mit den grössten Beschwerden verbunden war'.[1] Die einfache sittliche und musische vollkommene Durchbildung der Spartaner, welche gar nicht den Anspruch auf Ueberlegenheit über die übrige Menschheit erhoben, hat sich in der That in diesem Zeitalter als das dauerhaftere Mittel bewährt, zum Sieg und zur Herrschaft über die Hellenen zu gelangen.

Der Autor aber hat, als er an diesen Einleitungsabschnitten und an der Darstellung der ersten Kriegsjahre arbeitete, sein Urtheil über den Werth überlegener athenischer Bildung und ihres Hauptvertreters Perikles zurückgehalten und, wie wir sahen, nur angedeutet, indem er die Schwächen in den Reden nicht verhehlte.

m) Entstehung der jetzigen ersten Urtheile über Perikles.

Nach der jetzigen Reihenfolge des Werkes, da der späte Exeurs über Kylon, Pausanias und Themistokles gleichsam im Zusammenhange der Begebenheit erscheint, wird Perikles freilich nach seiner politischen Stellung mit Rücksicht auf die ihm geltende Sühnforderung der Spartaner wegen des kylonischen Frevels geschildert. Dann aber, als ob er noch gar nicht erwähnt wäre, wird er in dem oben S. 13 und 16 dargelegten ursprünglichen Zusammenhange

---

[1] Πολεμικοί τε καὶ εὔβουλοι διὰ τὸ εὔκοσμον γιγνόμεθα, τὸ μὲν ὅτι αἰδὼς σωφροσύνης μετέχει, αἰσχύνης δὲ εὐψυχία, εὔβουλοι δὲ ἀμαθέστερον τῶν νόμων τῆς ὑπεροψίας παιδευόμενοι ... νομίζειν δὲ τάς τε διανοίας τῶν πέλας παραπλησίους εἶναι ... Πολὺ δὲ διαφέρειν οὐ δεῖ νομίζειν ἄνθρωπον ἀνθρώπου, κράτιστον δὲ εἶναι ὅστις ἐν τοῖς ἀναγκαιοτάτοις παιδεύεται. I, 84. Wie Krüger in der zweiten Auflage die Herren verlacht, die gegen ihn polemisiren zu können meinten, liest man noch heute mit Vergnügen: dennoch habe auch ich in der obigen Uebersetzung mehrfach eigene Wege gehen zu müssen geglaubt.

nach einer kurzen Erwähnung der Debatten in der über die Kriegsfrage entscheidenden Volksversammlung mit folgenden Worten eingeführt: „Und es trat Perikles, Xanthippos' Sohn, hervor, ein in jener Zeit als erster unter den Athenern geltender Mann, machtvollst in Rede und That, und hielt folgende Ansprache."[1] Es sind, wie man sieht, mit der grössten Vorsicht abgewogene, den Autor in keiner Weise jenseit des zweifellos genauen thatsächlichen Referates bindende Worte.

Bei der Abgrenzung dessen, was ich als den zweiten Abschnitt der Darstellung des Geschichtschreibers bezeichnen zu dürfen glaubte, habe ich oben (S. 16 Anm. 8) es für zweifelhaft erklärt, ob Thukydides überhaupt in dieser ursprünglichen Fassung der beiderseitigen Entschliessungen zum Kriege und der Verhandlungen über die religiösen Frevel gedacht habe, deren Sühnung zuerst Sparta, dann Athen von der andern Macht verlangte. Da die erste derartige Forderung von spartanischer Seite nach förmlichem Kriegsbeschlusse der dortigen Symmachie (I, 87, 88. 125) erhoben und von athenischer erwiedert ward, so konnte eine nähere Ausführung dieser Vorwände zu einer Kriegserklärung unterbleiben. Hat es doch niemals, bis in die letzten Kriege unsres Jahrhunderts, für den zum Kriege ohnehin Entschlossenen an Vorwänden gefehlt, um den Gegner durch peremptorische Forderungen scheinbar geringen Zugeständnisses und die zugleich auf des Feindes Vergangenheit einen Makel werfen, möglichst ins Unrecht zu setzen! Eben in dem megarischen Rechtshandel werden wir die weltliche Kehrseite zu diesem geistlichen Verlangen finden.

Sachlich hätte also die Voraussetzung nichts gegen sich, dass der junge Autor in aller Frische und Grösse der Conception die nähere Erwähnung der religiösen Chicane dem Leser erspart und sich zugleich der Nothwendigkeit überhoben hätte, des attischen Staatsmannes früher zu gedenken, als da er ihn in seiner Grösse bei seinem entscheidenden Eingreifen in die Verhandlungen der über die Kriegsfrage schwankenden Volksversammlung vorzuführen hatte. Die historiographische Oekonomie wäre hiemit gewiss musterhaft gewahrt.

Formell lässt sich für diese Voraussetzung Folgendes bemerken. Ist sie richtig, so folgte vermuthlich auf den Schlusssatz von I. 125, welcher die trotz des peloponnesischen Beschlusses sofortiger Kriegsführung eingetretene Verzögerung des Beginnes der Feindseligkeiten schildert,[2] unmittelbar und mit geringer Veränderung seines jetzigen Bestandes der Anfangssatz von I. 139, welcher besagt, dass die Lakedämonier Forderungen wegen religiöser Sühnung stellten, welche dann auch gegen sie erhoben wurden.[3]

Allein es geht mit solchen Combinationen ursprünglicher und späterer Fassung unsres Thukydidestextes, wie bei manchen Versuchen der Herstellung ursprünglicher Textrecension in altgermanischen Volksrechten, z. B. dem bayerischen: die ob auch späte und unbefriedigende handschriftliche Ueberlieferung nöthigt zu vermittelnden Annahmen. In unsrem Falle sind es die oben proponirten Auskünfte. Hienach würde zu der ursprünglichen Anlage auch noch die Hälfte des zweiten Satzes gehören, welche besagt, dass eine erste Gesandtschaft der Lakedämonier die Entfernung des gegen die Göttin bestehenden Frevels heischte;[4] dann wäre statt des jetzigen Kylon-Excurses der Ausfall einer kurzen Erwähnung

---

[1] καὶ παρελθὼν Περικλῆς ὁ Ξανθίππου, ἀνὴρ κατ' ἐκεῖνον τὸν χρόνον (wie der Historiker eben auch in einem auch für die kommenden Geschlechter ἐς ἀεὶ geltenden Werke sagen darf) πρῶτος Ἀθηναίων, λέγειν τε καὶ πράσσειν δυνατώτατος, παρῄνει τοιάδε. I. 139 am Ende.

[2] Steup, II, 58 vermuthet wohl mit Recht vor ἀστρίβη: οὐ πολλῷ δέ.

[3] ἐπέταξάν τε καὶ ἀντεπελεύθησαν περὶ τῶν ἐναγῶν τῆς ἐλάσεως würde in dieser Unbestimmtheit der ursprünglichen Fassung sehr wohl anstehen.

[4] ... ἐκέλευον τοὺς Ἀθηναίους τὸ ἄγος ἐλαύνειν τῆς θεοῦ, I. 126, 1 wären die letzten hier aus der ersten Composition erhaltenen Worte.

des Frevels und seiner noch dauernden Nachwirkung zu constatiren. Hierauf erst erhebt sich die nicht ganz befriedigend zu lösende Frage der Entstehung von I, 127, welches gänzlich Perikles' Beziehung zu der spartanischen Anmuthung und seine Stellung im atheniensischen Staatswesen behandelt.

In der ersten Anlage brauchte, wenn der kylonische Frevel mit seiner Nachwirkung erwähnt war, Perikles' Name immer noch nicht genannt zu sein, wie uns ja jetzt am Schlusse des vorangehenden Kapitels gesagt wird, dass das schuldtragende, schon früher einmal mit spartanischer Hilfe vertriebene Geschlecht, das der Alkmaioniden nämlich, noch in der Stadt vorhanden sei,[1] die männlichen Angehörigen desselben also doch mindestens ebenso wie die gleich Perikles von weiblicher Linie Stammenden betroffen waren. Immerhin scheidet sich das in I, 127 über Perikles Gesagte deutlich in zwei Theile: das erste, der spartanischen Forderung günstige und nach spartanischer Relation mit wenigen Gegenbemerkungen vermuthlich wörtlich aufgenommene Stück besagt, dass die Spartaner sich um die Sühnung dieses Frevels durch Vertreibung der Schuldigen ‚angeblich aus Frömmigkeit‘ bemüht hätten; ‚sie wussten aber, dass Perikles, Xanthippos' Sohn, dem Geschlechte von Mutterseite angehörte und meinten, dass, wenn er entfernt wäre, ihre Forderungen bei den Athenern leichter Eingang fänden‘.[2] Nach dieser Darstellung müsste man annehmen, dass trotz ihrer zweimaligen Kriegsbeschlüsse die Spartaner alles Ernstes, wenn ‚dieser grösste Vorwand Krieg zu führen‘[3] beseitigt wäre und ihre übrigen bescheidenen Wünsche befriedigt wurden, den Frieden nicht gebrochen hätten.

Die andere Hälfte dieses Kapitels tritt aber dieser Vorstellung entgegen; die Spartaner haben hiernach Erfüllung ihrer Forderung nicht erwartet, nur Perikles den Krieg als von ihm persönlich mit verschuldet darstellen wollen. Der nächste Satz bringt eine emphatische Schilderung von Perikles' Stellung, von seiner vollständigen Gegensätzlichkeit gegen die Spartaner, von der Verhinderung des Friedens durch ihn und wie er die Athener zum Kriege trieb. Ein Wort, dass er mächtigst (δυνατώτατος) war, welches uns (S. 41) in Perikles' massvoller Einführung (I, 139) als so bezeichnend für ihn ‚in Rede und That‘ entgegengetreten war, erscheint hier mit dem kaum zu rechtfertigenden Beisatze: ‚unter den Zeitgenossen‘ (τῶν καθ' ἑαυτόν); der Autor selbst aber kann, als er Perikles so darstellte, wie hier geschieht, unmöglich die Argumente voll Ehrgefühl und Weisheit in Erinnerung gehabt haben, welche er selbst den Staatsmann in den beiden betreffenden Reden (I, 140 bis 145 und II, 13) geltend machen lässt, um die Pflicht der Kriegführung seinen Landsleuten vor Mit- und Nachwelt sammt den geeignetsten Mitteln ans Herz zu legen, den Krieg ohne bleibenden Schaden zu Ende zu führen.

Man wird nach diesen Ausführungen vielleicht doch annehmen können, dass der erste Theil des Kapitels in dem Sinne einer milden und der Gerechtigkeit möglichst weit nachkommenden Aufnahme und Auslegung einer spartanischen Farbengebung schon bei der ersten Anlage mit aufgenommen sei; von der zweiten Hälfte, welche auf Perikles' Spartaner-

---

[1] ἔλασαν μὲν οὖν καὶ οἱ Ἀθηναῖοι τοὺς ἐναγεῖς τούτους. ἔλασε δὲ καὶ Κλεομένης ὁ Λακεδαιμόνιος μετὰ Ἀθηναίων στασιαζόντων, τούς τε ζῶντας ἐλαύνοντες καὶ τῶν τεθνεώτων τὰ ὀστᾶ ἀνελόντες ἐξέβαλον (was die neue Forderung der Spartaner doch begreiflicher macht). κατῆλθον μέντοι ὕστερον καὶ τὸ γένος αὐτῶν ἔστιν ἔτι ἐν τῇ πόλει. I, 126 am Ende.

[2] Τοῦτο δὴ τὸ ἄγος bis zu den Worten ῥᾷον ἂν Stahl) σφίσι προχωρεῖν τὰ ἀπὸ τῶν Ἀθηναίων. I, 127, 1. Die Schlussworte fasse ich mit einer Modification der üblichen Erklärungen.

[3] μεγίστη πρόφασις . . τοῦ πολεμεῖν, I, 126, 1. Thukydides ist wie mit αἰτία (vgl. oben S. 17, Anm. 1), so auch mit πρόφασις in Verlegenheit gekommen, da er dies Wort für den tiefsten Grund (vgl. oben S. 6 bis 8) und für die äusserlichsten Anlass des Krieges diesseit und jenseit der αἰτία gebraucht.

hass und die seinem Volke mitgetheilte Unnachgiebigkeit (οὐκ εἴα ὑπείκειν)[1] die Schuld des unseligen Krieges wirft, kann man, wie mir scheint, eine Zugehörigkeit zu der ursprünglichen Gestaltung dieses Abschnittes nicht annehmen.

Als die wahrscheinlichste Auskunft jedoch erscheint mir, dass auch die erste Hälfte des Kapitels, wie der Kylonexcurs selbst, erst geschrieben wurde, als der Autor, wohl durch Alkibiades, das Material für Pausanias' und Themistokles' Katastrophe erhalten hatte; die zweite Hälfte des Kapitels wird nach oder in dem Jahre 404 hinzugefügt sein.

n) Ergebniss des Excurses.

Diese letzteren wie die früheren Theile der vorliegenden Erörterung dürften aber zu der Ueberzeugung geführt haben, dass Thukydides zwar in seinen Berichten über alles Erhebliche der Thatsachen und in seinen so authentischen als kunstvollen, wie in den nur excerpirten Reden uns in den Stand gesetzt hat, uns ein möglichst getreues Bild vom Wirken und Wollen dieses Volkslenkers zu bilden; aber wir haben doch auch gesehen, dass der Geschichtschreiber seine eigene freie Meinung sich gewahrt, ihr Ausdruck gegeben und an Thaten, Ansichten und Redeformen seines grössten Zeitgenossen männliche und massvolle Kritik geübt hat.

Ich denke doch nicht, dass die Auffassung sich aufrecht erhalten lassen wird, er sei irgendwie fähig gewesen, die Wahrheit zu entstellen.

§ 4. Der megarische Volksbeschluss (Fortsetzung).

d) Thukydides' Berichte über den Volksbeschluss.

Nunmehr sind wir auch im Stande, mit Unbefangenheit das in den Perikleischen Reden niedergelegte und von dem Geschichtschreiber wie ein unantastbares Gut hoch, nur der Einfügung von Künstlerhand in die Bedingungen eines grossen Zusammenhanges unterziehbar gehaltene Material der Reden auch für den megarischen Beschluss zu verwerthen und die eigenen Mittheilungen des Autors daneben zu stellen. Ich halte möglichst die bei Thukydides selbst vorliegende Reihenfolge der Angaben und Begebenheiten ein.

Auszugehen hat man doch wohl von der Klage der Megarenser in der alle Beschwerden gegen Athen erörternden Versammlung der Bundesgenossen zu Sparta. „Sie machten auch andere nicht geringe Differenzen geltend, namentlich aber, dass sie gegen die Verträge sowohl von den Häfen im Herrschaftsgebiete der Athener als vom attischen Markte ausgeschlossen seien."[2] Der König Archidamos rieth aber[3] den Spartanern, wie schon früher (S. 16) hervorgehoben ward, zwar die potidäatische Angelegenheit eventuell zur Kriegsfrage zu machen, alle anderen Streitfragen aber, zu welchen auch die megarensische gehört, auf

---

[1] Es bedarf wohl kaum der Bemerkung, dass die Worte in diesem anklagenden Zusammenhange doch einen andern Inhalt haben als in Perikles' eigener frischer Erklärung zur Frage des Momentes bei dem Beginne seiner Rede, I, 139: μὴ εἴαν Πελοποννησίους.

[2] ... Μεγαρέις δηλοῦντες μὲν καὶ ἕτερα οὐκ ὀλίγα διάφορα, μάλιστα δὲ λιμένων τε εἴργεσθαι τῶν ἐν τῇ Ἀθηναίων ἀρχῇ καὶ τῆς Ἀττικῆς ἀγορᾶς παρὰ τὰς σπονδάς, I, 67 am Ende. Ein μὴ εἴργεσθαι τῶν λιμένων καὶ τῆς ἀγορᾶς der contrahirenden Mächte dürfte also in einem Artikel des Friedens von 445 enthalten gewesen sein.

[3] I, 85 gegen Ende.

den auch von den Athenern acceptirten Rechtsweg zu verweisen. Seine Ansicht drang jedoch nicht durch. Die zweite spartanische Gesandtschaft in diesen gespannten Verhältnissen oder die erste nach jenem religiösen Sühnebegehren verlangte Dreierlei (I, 139). Nächst dem Ablassen der Athener von Potidäa mögen sie Aegina in seine Unabhängigkeit herstellen, wie das der vor einem Jahrzehnt verschiedene unvergessliche böotische Sänger so innig gewünscht hatte; ‚und unter Allem verkündeten sie doch vornehmlich und unzweideutigst, es werde kein Krieg entstehen‘, wenn man den Beschluss wegen der Megarenser aufhebe, in welchem gesagt war, ‚dass dieselben die Häfen im Reiche der Athener nicht benutzen sollen, noch auch den attischen Markt‘.[1] Wie man sieht, bringt der Geschichtschreiber zur Erklärung des Verlangens der lakedaimonischen Gesandten den von den Megarensern in Sparta nur negativ mitgetheilten Beschluss positiv, wie er bei Anführungen pflegt,[2] im Wortlaute der Urkunde.

‚Die Athener fügten sich aber weder in das Uebrige, noch hoben sie den Volksbeschluss auf, da sie den Megarensern Bebauung des geheiligten Landes vorwarfen und des nicht abgegrenzten und Aufnahme der ausgetretenen Unfreien.‘ Ich vermag nicht zu sagen, ob die von dem Scholiasten gelieferten Erklärungen Grund haben, dass das geheiligte Land den eleusinischen Göttinnen geweiht, das nicht abgegrenzte unbebaut gewesen sei; für entschieden unbegründet halte ich aber die Beziehung des dritten Klagepunktes der Athener auf entlaufene Dirnen Aspasia's, die ja in Aristophanes' ‚Acharnern‘ als eigentlicher Kriegsanlass bezeichnet werden konnten, als historische Thatsache aber doch niemals figuriren sollten. Die von Thukydides auch hier sorgfältig gesuchten Worte (ἀνδραπόδων τῶν ἀφιϱταμένων) scheinen eher auf Kriegsgefangene[3] zu gehen, welche sich ihrer Internirung oder Dienstverpflichtung ohne Lösegeld entzogen. Von den beiden anderen Beschwerdepunkten ist aber zu bemerken, dass der Vorwurf der Bebauung geheiligten Landes einerseits frappant an den Üblichen der pyläisch-pythischen Amphiktionie vor heiligen Kriegen erinnert, anderseits an das eleusinische Decret dieser Jahre, welches alle attischen Reichsangehörigen zu einer Steuer an das dortige Heiligthum heranzuziehen und dasselbe zu einem gemeingriechischen sacralen Mittelpunkte,[4] gleichsam zu einem Rivalen Delphi's zu machen sucht. Die Beschwerde wegen unabgegrenzten (γῆς ἀορίστου) Landes deckt sich mit der früher (S. 24) erwähnten der Megarenser gegen die Korinther vor nicht ganz drei Jahrzehnten (περὶ γῆς ὅρων, I, 103). Wie viel Recht und Schuld auf athenienischer oder megarensischer Seite liegt, ist nicht auszumachen und auch unerheblich. Dass weitere Pläne gegen die Unabhängigkeit Megara's bei diesen Objecten des Haders vorgelegen hätten, lässt sich mit keiner Andeutung begründen.

In dieser Situation traf die dritte und letzte spartanische Gesandtschaft mit der so kurzen als deutlichen wörtlichen Forderung ein: ‚Die Lakedämonier wollen, dass Frieden sei, vorausgesetzt, dass Ihr die Hellenen zur Selbstregierung entlasset.‘[5] Da ergibt sich der Volksversammlung zunächst der Beschluss einer definitiven Entscheidung; aus den dann folgenden Debatten wird uns berichtet, dass gegen die Kriegspartei geltend gemacht wurde,

---

[1] ‚αὐτοὺς μὴ χρῆσθαι τοῖς λιμέσι τοῖς ἐν τῇ Ἀθηναίων ἀρχῇ μηδὲ τῇ Ἀττικῇ ἀγορᾷ‘. I, 139, 2.
[2] ἐν ᾧ εἴρητο wie oben S. 17, Anm. 2, S. 15, Anm. 5.
[3] ... τὰ ἀνδράποδα πάντα καὶ δοῦλα καὶ ἐλεύθερα. VIII, 28, 4.
[4] ἐπαγγέλλειν δὲ τὴν βολὴν καὶ ταῖς ἄλλαις πόλεσι ταῖς Ἑλληνικαῖν ἁπάσαις. Dittenberger, Sylloge Nr. 13, l. 30, 126.
[5] ὅτι ‚Λακεδαιμόνιοι βούλονται τὴν εἰρήνην εἶναι, εἴη δ' ἂν εἰ τοὺς Ἕλληνας αὐτονόμους ἀφεῖεν‘, a. a. O. Wieder mit urkundlicher Treue gegebene Worte.

man solle den (megarischen) Volksbeschluss kein Hemmnis für den Frieden sein lassen, sondern beseitigen.[1]

e) Perikles' Auffassung über die megarische Frage.

Eben dies ist der Moment, in welchem Perikles mit jener ersten seiner grossen Reden zu Gunsten der kriegerischen Entscheidung in die Debatte eingreift. Hier (I, 140, 4) werden nun noch einmal und genau dem Berichte über die zweite spartanische Gesandtschaftsforderung (I, 139, 1) entsprechend die drei Punkte des frühern eingehenden Ultimatums, dabei als der dritte ‚der Volksbeschluss von Megarensern' (τὸ Μεγαρέων ψήφισμα) genannt, dann wird die allgemeine Autonomieforderung erwähnt. Nunmehr führt Perikles an, was eben für alle Zeiten seine Richtigkeit hat, auch schon oben S. 41 berührt wurde, dass ein von einem herrischen und zum Kriege entschlossenen Feinde verlangtes kleines Zugeständniss den doppelten Zweck habe, den Gegner vor der öffentlichen Meinung ins Unrecht zu setzen und eine Handhabe zu gewinnen, um ihn dem feindlichen Willen dienstbar zu machen.

Bei diesem Anlasse erfahren wir denn auch, dass der megarische Volksbeschluss an sich keineswegs als wichtige, sondern nur als eine geringe Angelegenheit aufzufassen sei. Von spartanischer Seite sei er erst durch die Verkündung, dass mit seiner Aufhebung der Krieg vermieden werden könne, so bedeutend geworden. ‚Glaube von Euch, dass man um etwas Geringes (περὶ βραχέος) Krieg führt', lasset nicht in Euch selbst den Vorwurf haften, dass Ihr wegen einer kleinen Sache (διὰ μικρόν) in den Krieg zöget; denn ‚dieses an sich Geringe (βραχύ τι τοῦτο) enthält vollständig die Bewährung und Erprobung Euerer Gesinnung. Wenn Ihr da nachgebt, dann werdet Ihr gleich zu etwas grösserem Andern commandirt werden, da Ihr aus Furcht auch in dieser (der megarischen) Sache gehorsamt hättet'.

Dass es eben eine zu unbedeutende Sache sei, um deshalb die Gefahr eines grossen Krieges aufzunehmen, war eben, nach diesen Wiederholungen des Begriffes, von den Friedensfreunden bei der bisherigen Debatte in verschiedenen Variationen geltend gemacht worden und wird auch uns noch in der literarischen Nachwirkung dieser kläglichen Auffassung begegnen. Am wenigsten aber wird man bei dem Rathe an die Athener zur mannhaften Annahme des von dem peloponnesischen Bunde gewollten Krieges sagen können, Perikles ‚spält unverwandt nach der Stunde aus, wo er Megara packen kann'.[2]

Dennoch beantragte wirklich Perikles, einen eventuellen Verzicht auf diesen Volksbeschluss mit Wiederholung von dessen Hauptbestimmung[3] durch eine Gesandtschaft in Sparta auszusprechen, wenn dieser Staat nämlich auf seine, dem durch den Vertrag von 445 gesicherten freien Verkehre der beiderseitigen Bundesangehörigen nicht minder widersprechende Xenelasie verzichte, so wie man allgemeine Autonomie der Städte von athenischer Seite gewähren wolle, wenn Sparta seine unterthänigen Gemeinden ebenfalls freigebe.

---

[1] ὡς χρὴ . . . μὴ ἐμπόδιον εἶναι τὸ ψήφισμα εἰρήνης ἀλλὰ καθελεῖν, I, 139 am Ende.
[2] Heinrich Nissen a. a. O. 418.
[3] ὅτι ἱέναγαν ἀγορᾷ καὶ λιμέσι χρῆσθαι, I, 144, 2, vgl. oben S. 43, Anm. 2. Der Markt ist hier wohl verächtlich wegen des Krämerinteresses der Megarenser vorausgestellt.

Ich denke, vollständiger als geschehen ist, konnte von Thukydides' Seite die megarische Streitfrage nicht behandelt noch in Perikles' Worten auf ihr richtiges Mass zurückgeführt werden.

f) Ziel der attischen Kriegführung gegen Megaris.

Noch bleibt zunächst der Behandlung zu gedenken, welche Megaris nach ausgebrochenem Krieg von athenischer Seite erfuhr. Der Geschichtschreiber verzeichnet schon (II, 31) zum Spätsommer des Jahres 431 einen verheerenden Einfall in das Ländchen unter Perikles' eigener Führung. Auch die von einer andern Expedition eben heimkehrende Flottenmannschaft schloss sich von Aegina aus diesem Zuge freiwillig an. Es fand sich dadurch hier eine sehr grosse attische Truppenmacht vereinigt (στρατόπεδον μέγιστον ἁθρόον Ἀθηναίων). Ergebnisse brachte der Zug sonst nicht. Dem Berichte, der schon an sich erst nach dem Auftreten der Pest im nächsten Jahre geschrieben sein kann,[1] ist erst in oder nach dem Sommer 324 eine weitere Nachricht beigefügt: ‚Es fanden aber später während des Krieges alljährlich Einfälle der Athener in Megaris statt, sowohl von Reitern als mit voller Heeresmacht (πανστρατιᾷ), bis Nisaia von den Athenern genommen ward.' Eben bei dem oben Seite 25 f. erörterten Berichte über die zeitweilige Eroberung auch von Megara selbst beginnt die Erzählung (IV, 66) mit den zum Theile schon früher besprochenen Worten; ‚Die Megarenser in der Stadt litten sowohl von den Athenern durch Krieg, da diese stets in jedem Jahre zweimal (δὶς) mit voller Heeresmacht in ihr Land einfielen, theils durch ihre von Pagai aus raubenden Flüchtlinge'. Nach Brasidas' Einzug in Megaris gaben die Athener den Kampf gegen das allen Nachbarn unbequeme Ländchen auf und begnügten sich' wirklich bis über den Nikiasfrieden hinaus mit dem Besitze des Hafens Nisaia.

Doch ist es nach den beiden eben vorgelegten Erzählungen nicht wahrscheinlich, dass dies das Ziel der durch sieben Jahre fortgesetzten Unternehmungen war, wenn auch wie früher (S. 26 und 45) bemerkt ward, an einen Wunsch, Land und Hauptstadt wieder der attischen Symmachie zu gewinnen, nicht wohl gedacht werden kann — ganz abgesehen von der im Eingange dieses Paragraphen erwähnten, allen Thatsachen widerstreitenden Vermuthung, Perikles, dessen ganzer, jegliche Eroberung perhorrescirender Kriegsplan uns auf das Gemmeste verliegt, habe gerade diese Eroberung als eigentliches Kriegsziel ins Auge gefasst. Aber die bei dem ersten Feldzuge durch den Anschluss der Flottenmannschaft an das verwüstende attische Heer zu Tage tretende Erbitterung der Athener gegen die Megarenser, welche doch von den Spartanern ostensibel als Kriegsveranlasser bezeichnet waren, wird von Anfang an auch wegen der streitigen Grenze eine bleibende Territorialminderung des kleinen Cantons ins Auge gefasst haben. Von einem principiellen Beschlusse regelmässiger oder vollends alljährlich zweimaliger Einfälle — von denen ohnehin schon das Frühjahr 431 und wohl auch das Hauptpestjahr 430/29 auszunehmen wären — weiss unser Geschichtschreiber so wenig wie von der gegen die üblen Nachbarn erhobenen Beschuldigung, dass in ihrem Lande die geheiligte Person eines attischen Heroldes umgebracht worden sei.

g) Die Vergrösserungen in der Komödie.

Nach Allem, was bisher über Thukydides' historiographische Grundsätze ausgeführt worden ist, wäre eine solche zwiefache Auslassung an beiden erwähnten Stellen (II, 31 und IV, 66)

---

[1] ἀμυζόμενης τῆς πόλεως καὶ οὔπω νενοσηκυίας. II, 31, 2.

nicht anzunehmen. Auf welchen Wegen aber die Tradition von einem förmlichen Beschlusse zweimaliger jährlicher Einfälle in Megaris und der Begründung desselben mit einem internationalen Verbrechen durch Ermordung eines Heroldes entstanden sein mag, entzieht sich doch, so viel ich sehe, keineswegs unserer Kunde.

Freilich gewährt die Ueberlieferung des Namens wie die noch von Pausanias[1] gesehene Ehrengrabstätte jenes Heroldes Anthemokritos und die Nennung des Antragstellers Charinos für jenen Beschluss unversöhnlicher Feindschaft gegen das Nachbarland, ja der Tödtung aller seiner in Attika betroffenen Bewohner, selbst der in den Strategeneid beim Amtsantritt angeblich eingeschobenen Clausel jenes alljährlich zwiefachen Einfalles in Megara einige Stütze. Bei Plutarch, welcher diesen wilden Abschluss des Megarischen Handels noch am eingehendsten wiedergibt,[2] wird aber doch hinzugefügt, dass die Megarenser den Mord des Heroldes in Abrede stellten und die Beschuldigungen (αἰτίαι) auf Aspasia und Perikles wendeten, indem sie die auf den Vorwurf der Aufnahme von entlaufenen Unfreien gehenden Verse aus Aristophanes' Acharnern beifügten. Dieser Anachronismus der Beifügung eines Citates aus einer erst nach sechs Jahren, nämlich um Neujahr 425, aufgeführten Komödie wird am Ende dieses Berichtes keineswegs dadurch verwischt, dass der artige Erzähler versichert, die betreffenden Verse seien eben bekannt und populär gewesen.[3] Da aber nur Plutarch, also vielleicht Ephoros oder Theopompos oder Philochoros oder ein Excerpt aus ihnen und sonst Niemand, diesen Rachebeschluss erwähnt, so dürfte die Auskunft der Wahrheit entsprechen, dass Charinos den Antrag allerdings stellte, der aber irgendwie paralysirt wurde. Thukydides aber dürfte es unter seiner Würde gehalten haben, dem nachzugehen, was sich als ein mit irgend welchen Ränken oder Hinterlisten verbundener gemeiner Mord jenes Heroldes darstellte.

Isaeus sollte für die Frage überhaupt kaum citirt werden. Bei einer nicht näher nachweisbaren Gelegenheit gedenkt er einer bei Anthemokritos' Statue gelegenen Badeanstalt.[4]

In den demosthenischen Schriften — in unserm Fall gleichgiltig welchen Ursprungs — wird der megarensischen Streitsache zweimal gedacht. Das eine Mal geschieht es unter Beziehung auf verbreitete Lecture der Volksbeschlüsse; da ist eine genaue Aufführung eines für den Kriegsausbruch irrelevanten Beschlusses, welcher der oben (S. 44) erwähnten attischen Beschwerde über Bebauung heiligen Landes entspricht; er mag dem von Perikles citirten Hauptbeschlusse, dem eminent „megarischen" genannten des Verkehrsausschlusses vorangegangen sein. Hätte nämlich der letztere auch diese sacrale Bestimmung erhalten und dem Redner oder Schriftsteller vorgelegen, so würde er als viel weiter gehend ihm eine weitere Stütze geboten haben und uns wäre ein entsprechender Auszug geliefert worden. Nunmehr besagt das Excerpt nur: die von dem Gebiete der eleusinischen Gottheiten Ausgeschlossenen sollen dasselbe verlassen, man verhindere sie, lasse es nicht zu.[5]

Die andere Stelle verbindet dieses früheste und das späteste Stadium des Streites: Als die Megarenser Anthemokritos umgebracht hatten, ging das Volk soweit, sie von den

---

[1] I, 36, 3: Ἰοῦσιν δ' ἐπ' Ἐλευσῖνα ἐξ Ἀθηνῶν ἣν Ἀθηναῖοι καλοῦσιν ὁδὸν ἱερὰν Ἀνθεμοκρίτου πεποίηται μνῆμα.
[2] Perikles 30, mit einiger Milderung über den Thatbestand der Schuld (αἰτία . . . δοξῃ). Die betreffenden Stellen nennt auch Heinrich Nissen 426.
[3] . . . χρώμενοι τοῖς παρῳδηθεῖσι καὶ δεδημώδεσι τούτοις ἐκ τῶν Ἀχαρνέων στιχιδίοις.
[4] τὸ βαλανεῖον τὸ παρ' Ἀνθεμοκρίτου ἀνδριάντα. Isaeus ed. Scheibe (Teubner 1860) fr. 21, p. 158.
[5] Εἴ τις ἀναγνοίη τὰ ψηφίσματα . . . , οἷον ἃ πρὸς τοὺς καταράτους Μεγαρέας ἐψηφίσασθε ἀπομνημονεύοντος τὴν ὀργὴν ἐξιέναι, κωλύειν, μὴ ἐπιτρέπειν. Περὶ συντάξεως c. 32 (Bekker) p. 175.

Mysterien auszuschliessen und zum Gedächtnisse der Versündigung eine Bildsäule vor den Thoren aufzustellen.[1]

In dieselbe Reihe unabsichtlicher Verwischungen des Thatbestandes wird wohl auch gehören, was Plutarch in seinen unschuldigen Vorschriften über die Staatsleitung bemerkt. Er denkt sich, Perikles habe, wie in der römischen Kaiserzeit freilich so kläglich als unvermeidlich war, die kleinen Klugheitsregeln nicht verabsäumt, sowohl den Neid auf die Grösse seiner Stellung zu mindern, als auch durch geeignete Auswahl von Antragstellern für die Staatsbedürfnisse zu sorgen.[2] Unter diesen dienenden Figuren erscheint curios genug an zweiter Stelle Perikles' niedriggeborener stürmischer Vorgänger Ephialtes, an letzter der Oekist von Thurii Lampon, zwischen Beiden Charinos als Beantrager des megarischen Beschlusses;[3] wir wissen, wie wenig Perikles mit diesem zu thun hatte und für wie unbedeutend er ihn hielt. Plutarch's Anführung hat eben nur Werth für seine eigene Beurtheilung.

Noch ist der Fortbildung der Vorstellungen von der Bedeutung des megarischen Volksbeschlusses zu gedenken, welche Perikles in den oben (S. 45) erwähnten Warnungsworten seiner weisen Kriegsrede den Kleinmüthigen voraussagte.[4] Wie hat man nur den für den Komiker erwünschten Inhalt des eines grossen Reiches vielleicht nicht ganz würdigen megarischen Beschlusses gegen den Marktverkehr des kleinen Nachbarn verkennen mögen! Das lässt sich vollends der durch die Kriegsführung zum Bettler gewordene Bauer in seiner Ernte-Arie (τρυγῳδία) nicht entgehen: wie ihm all die echte kümmerliche Marktwaare unter dem Verdachte megarischen Ursprunges confiscirt wird und man den Spartanern nicht die Verwüstung des Landes vorwerfen solle, da gewisse böse ‚Männer unter uns' die Sache mit jenem Beschlusse verschuldet. Das sind die ‚kleinlichen, einheimischen' (ταῦτα σμικρὰ κἀπιχώρια) Sachen, aus denen ‚der Krieg herabbrach'; so wenig Aspasia dabei geschont wird, ihr vor drei Jahren hingeschiedener Freund Perikles wird doch in seiner übermenschlichen Kraft auch bei diesem für den Komiker so fruchtbaren megarischen Hader geschildert: dieser ‚Olympier blitzte, donnerte und rührte Griechenland durcheinander'. Vier Jahre später aber, da man der Kriegsdrangsal allseitig überdrüssig ist, wird ein verwundeter Erntemann (Τρυγαῖος) sammt den übrigen ‚hochweisen Bauern' (σοφώτατοι γεωργοί) in anderer Maske und Laune im ‚Friedensfeste' von dem guten Gotte Hermes belehrt, dass Perikles, nachdem Phidias ins Unglück gekommen war, in seiner Angst, dass ihm auch etwas Schlimmes passiren könne, mit dem ‚kleinen Funken des megarischen Volksbeschlusses' den Staat niederbrannte und mit einem solchen Kriege alle Hellenen so auf dieser wie jener Seite zu Thränen brachte'.

Aus dem Munde des grossen Lustspieldichters lässt man sich auch das, vollends unter den noch dauernden Kriegsleiden, gern gefallen. Minder anmuthig ist, diesem aus dem Nichts gewachsenen Anklagespiele mit dem megarischen Volksbeschlusse gegen Perikles

---

[1] Μεγαρέων γοῦν Ἀνθρωόκριτον ἀνελόντων εἰς ταῦτα ἐξελθεῖν ὁ δῆμος, ὥστε μυστηρίων μὲν εἴργειν αὐτούς, ὑπομνημα[τα] δὲ τῆς ἀδικίας ἱστάναι ἀνδριάντα πρὸ τῶν πυλῶν. Ἐπιστολή, Φιλίππου c. 4 (Bekker) p. 159.

[2] Οἱ γὰρ μόνον τῆς δυνάμεως εἰς πολλὰς διανέμεσθαι δυσπάτης ἔττον, ἐνόχλει τὸν φθόνον τὸ μέγεθος, ἀλλὰ καὶ τὸ τῶν χρειῶν ἐπιτελεῖται μᾶλλον, Plut. praecepta gerendae reipublicae, 15, 18 (II, 992 ed Dübner, Didot).

[3] Περικλῆς Μενίππου μὲν ἐχρῆτο πρὸς τὰς στρατηγίας, δι' Ἐφιάλτου δὲ τὴν ἐξ Ἀρείου πάγου βουλὴν ἐταπείνωσε, διὰ δὲ Χαρίνου τὸ κατὰ Μεγαρέων ἐκύρωσε ψήφισμα, Λάμπωνα δὲ Θουρίων οἰκιστὴν ἐξέπεμψεν, I. l. (II, 990 Dübner).

[4] Heinrich Nissen 424 bringt noch einmal als ernstliche Beweise die Stellen: Aristophanes' ‚Acharner' 515 (eigentlich 513 bis 539) und ‚Frieden' 609 (eigentlich 605 bis 611), Andokides (in der 392 gehaltenen Friedensrede) III, 8, Diodor. Sic. XII, 39 und Plutarch Perikles 29, 3; doch wichtiger ist die auf das zeitgenössische Gerede zurückgehende Ausführung obendas. c. 31.

im nächsten Jahrhunderte bei einem Advocaten Andokides[1] und den Geschichtszimmerern mit gebrechlichem Holze zu finden, aus welchen Diodor und Plutarch geschöpft haben. Doch ist Diodor's Excerpt wie gewöhnlich auch hier das brauchbarere, weil ohne eigene Zuthat überlieferte: es hält den vom Gott Hermes zur Aufmerksamkeit empfohlenen Vortrag (τἀμὰ δὴ ξυνίετε ῥήματ'!) nach der Ordnung ein. Nach Phidias', hier dazu Anaxagoras' Process wird auch Perikles bedroht und „meinte, dass es ihm nützlich sei, den Staat in einen grossen Krieg zu stürzen".[2]

Ich denke nicht, dass man hierüber eine Polemik meinerseits erwarten, und dass man vielmehr in dem an sich unerheblichen megarischen Volksbeschlusse mit Perikles und Thukydides immer nur die bequeme Handhabe der Spartaner sehen wird, die Athener für den Ausbruch des Krieges vor der öffentlichen Meinung ins Unrecht zu setzen und der Unzufriedenheit der Regierungsgegner in Athen Nahrung zu geben.

Die Megarenser ihrerseits haben wegen des gross und zu himmelschreiender Verständigung gewordenen Mythus noch Kaiser Hadrian's Ungnade zu erfahren gehabt, wie Pausanias mit frommer Salbung meldet.[3]

§ 5. Unbenützte Urkunden aus Thrakien.[4]

Wenn ich auch hoffen darf, dass der freundliche Leser, welcher diesen Ausführungen bis hieher gefolgt ist, begreiflich finden wird, dass ich mich in diesem Kapitel der Polemik nicht entschlagen, sondern derselben wie einem Leitfaden für den Gang der vorliegenden Untersuchung in der grössern Hälfte dieses zweiten Theiles gefolgt bin, so müsste ich wohl besorgen, des Lesers Geduld zu ermüden, wenn ich in gleicher Weise die polemischen Ausgänge des Beweises fortsetzen wollte.

Für den in dem Titel des gegenwärtigen Paragraphen genannten Gegenstand habe ich früher einmal[5] auf eine mir nicht begründet scheinende Anklage unsres Autors hingewiesen. Doch glaube ich meine Ansicht, auch ohne Rücksichtnahme auf diese und andere abweichende Auffassungen, durch Vorlegung des urkundlichen Inhaltes der hier in Betracht kommenden Acten in positiver Weise hinlänglich begründen zu können.

a) Die Colonisation von Brea.

Zunächst handelt es sich um die Anlegung einer attischen Colonie in dem bei unsrem Autor, wenn überhaupt, so doch nur einmal bei dem Beginne der Kämpfe um Potidaia als

---

[1] πάλιν δὲ διὰ Μεγαρέας πολεμήσαντες καὶ τὴν χώραν τμηθῆναι προέμενοι (De pace p. 69 ed. Blass, 3, 8). So verwerthet man die Komödie!
[2] ἔκρινε συμφέρειν αὐτῷ τὴν πόλιν ἐμβαλεῖν εἰς μέγαν πόλεμον. Plutarch sagt doch wenigstens nur (Perikles 29 am Ende): μόνος ἔσχε τοῦ πολέμου τὴν αἰτίαν und gibt (c. 31) bei dem ihm von Allen (πάντες) gemachten Vorwurfe, die Aufhebung des megarischen Beschlusses verhindert zu haben, zuerst die Ansicht derer, welche hierin eine grossherzige und ehrenhafte Politik sahen und erst dann die Ansicht der Gegner, die es mit αὐθαδείᾳ τινὶ καὶ φιλονεικίᾳ erklären.
[3] Ἐς τοῦτο Μεγαρεῦσίν ἐστιν ἀνοσιώτατον ἔργον, οἳ κήρυκα ἐλθόντα ὡς μὴ τοῦ λοιποῦ τὴν χώραν ἐπεργάζοιντο (dieser Zusammenhang steht auf der Höhe von König Philipps Brief oben S. 48, Anm. 1), κτείνουσι Ἀνθεμόκριτον καὶ σφίσιν ταῦτα δράσασι παραμένει καὶ ἐς τόδε μήνιμα ἐκ τῶν θεῶν, οἷς οὐδὲ Ἀδριανὸς ὁ βασιλεὺς ὥστε καὶ ἐπαχθῆναι μόνοις ἐπέρασεν Ἕλληνων. Pausanias I, 36, 3. Schliesslich will ich doch erwähnen, dass der hochsinnige Grote allein (V, 340 f) meines Wissens diese megarische Sache unbefangen, wenn auch weder vollständig, noch, wie ich glaube, zutreffend und genetisch behandelt hat.
[4] Unter dem Titel ‚Thrakien' behandle ich auch die früher oder später von den Makedoniern unmittelbar beherrschten Gebiete nördlich von Thessalien.
[5] Kleon bei Thukydides 374 = Separatabzug 10

Marschstation der korinthischen Truppen in Mygdonien erwähnten Local von Brea.[1] Ist nun der Ort hier wirklich erwähnt, so fallen alle gegen Thukydides seinetwegen erhobenen Bedenken; denn die korinthischen Truppen konnten ihn, der also damals nähere Beziehungen zu Athen nicht gehabt haben kann, ungehindert passiren und nach Strepsa weiter ziehen.

Nun liegt uns eine auf eben dieses Brea bezügliche Urkunde vor, nach welcher, wahrscheinlich zwischen den Jahren 444 und 442, dort eine attische Colonie gegründet werden sollte.[2] Nach einer Bestimmung des betreffenden Volksbeschlusses sollen zehn von dem Landvertheiler (γεωνόμος) je aus einer Phyle zu bezeichnende Männer zwar den Boden vertheilen, die ausgeschiedenen geheiligten Locale (τεμένη) sollen aber als solche auch ohne Hinzufügung neuer verbleiben.[3] Man hat hieraus mit Recht geschlossen, dass die frühere Bewohnerschaft die Stadt verlassen hatte.

Die neuen Colonisten sollten durchaus den zwei unteren Vermögensclassen angehören.[4] Eine besondere Commission hat zu nachträglicher Genehmigung durch Rath und Volk Verordnungen (συγγραφάς) abzufassen, nach welchen für die Sicherheit der Colonie durch Verpflichtung der schleunigsten Hilfeleistung von Seiten ‚der Städte', als welche gleich darauf die im trakischen Verwaltungsgebiete⁵ (ἐπὶ Θράκης) bezeichnet werden, im Falle eines feindlichen Angriffes vorgesorgt wurde. Die Versicherung sollte in einer auf Kosten der Colonisten anzuschaffenden und in der Colonie aufzubewahrenden Stele verzeichnet werden; jede auch nur durch öffentliche Rede versuchte Abänderung dieser Bestimmung wird mit Entehrung, sogar der Kinder des Betreffenden und mit Vermögensconfiscation bedroht. Die aus dem activen Heeresdienste sich für die neue Colonisation Meldenden sollen binnen dreissig Tagen nach ihrer Ankunft in Athen sich zum Zwecke der Ansiedelung in Brea befinden.[6]

Man wird nicht sagen können, dass die Bedingungen der Ansiedelung für attische Vollbürger dieser Zeit sehr lockend sind, welchen sonst so viele Subsistenzmittel zu Gebote standen, vollends in diesem keineswegs dem Fremden freundlichen und zur Anerkennung attischer Ueberlegenheit Colonisten gegenüber besonders geneigten Lande. So wird wohl, wenn die Lesung Brea, wie auch ich glaube, bei der Geschichte des Korinthermarsches nach Potidäa richtig ist und die Stadt also damals entschieden nicht im attischen Besitze war, der in der Urkunde erhaltene Plan einer Colonisirung derselben, dessen einstmalige Ausführung bei Stephanus von Byzanz und Hesychius hinlänglich bezeugt ist, innerhalb des nächsten Jahrzehnts wieder aufgegeben und die Stadt vielleicht ihren früheren Bewohnern wieder eingeräumt worden sein. Für die Colonisten, welche nicht nach Attika zurückkehrten, bot sich in der schon im Jahre 438 vollzogenen zweiten Gründung der nun Amphipolis genannten grossen Colonie durch Hagnon's Thatkraft eine erwünschte Gelegenheit für eine gesicherte Zukunft; dass auch diese nach vierzehn Jahren bei dem ersten ernstlichen Anfall und gar freiwillig in Feindes Hand übergehen werde, war ja nicht vorauszusehen.

---

[1] I, 61, 3, ἐπανίστανται ἐκ Μακεδονίας καὶ ἀφικόμενοι ἐς Βρέαν. Die Handschriften haben Βέροιαν. Die, soviel ich weiss, zuerst von Stahl aufgenommene Conjectur geht auf Bergk's zutreffenden Scharfsinn zurück: Philologus XXII, 537.
[2] C. I. Att. I, 31. Dittenberger, Sylloge Nr. 12, I, 22 bis 24 mit erklärenden und die früheren Forschungsergebnisse bezeichnenden Noten.
[3] Zeile 6 bis 8, 10 und 11.
[4] ἐς δὲ Βρέαν ἐκ θετῶν καὶ ζευγιτῶν ἰέναι τὸς ἀποίκος. Zeile 8 bis 10 des zweiten Fragmentes.
[5] ὅσα δ' ἂν γράφουσται ἑκαίστοτε τὸν στρατεγὸν, Zeile 26 und 27.
[6] Zeile 13 bis 29.

Auf alle Fälle ist der Versuch einer Colonie Brea an sich nicht erheblich genug gewesen, um unsren Autor zu einer Erwähnung in der Pentekontaëtie zu verpflichten; eine andere Frage ist, ob nicht eine solche bei der Nennung der Stadt als Etape jenes Korintherzuges am Platze gewesen wäre. Und dies führt auf eine für den Geschichtschreiber nicht unerhebliche Beobachtung.

In der von ihm angekündigten annalistischen Ordnung erzählt er in dem Excurse über die Pentekontaëtie die erste Gründung jener Ansiedelung von Amphipolis, deren Verlust einen solchen Makel auf seine Strategie geworfen und ihm ein zwanzigjähriges Exil aus Athen zugezogen hat. Er schildert, wie während der Kämpfe um den Gewinn der reichen Insel Thasos die Athener diese Colonie gründeten, man sollte meinen: mit einigen Worten aus dem betreffenden Volksbeschlusse; „sie sendeten an den Strymon zehntausend Colonisten von sich und den Bundesgenossen, um die sogenannten Neunwege zu colonisiren."[1] Die Ausgesendeten bemächtigten sich dieses Gebietes, welches bis dahin die Edonen innehatten; als sie aber in das thrakische Binnenland vorrückten, „wurden sie in dem Edonischen Drabeskos von der Gesammtheit der Thraker vernichtet, für welche die Colonisation des Locales Neunwege eine Feindseligkeit war."[2] Die Darstellung der Niederlage enthält freilich wieder einmal die Verbesserung eines Herodotëischen Irrthumes, nach welchem nur die Edonen die Sieger gewesen seien. Die von allen Handschriften bezeugte Lesung des Sieges „der gesammten (ξυμπάντων) Thraker" ist nach üblichen Besserungsversuchen auf Grund jüngerer Erzählungen des Ereignisses von Stahl in durchgreifender Weise gesichert worden.[3]

Man sieht nun, was uns im nächsten Kapitel näher beschäftigen wird, wie unser Autor nicht nur die thrakische Nationalität als eine einzige auffasst, sondern auch ihre Ansicht, eine grosse griechische Niederlassung auf ihrem Gebiete als Kriegsfall zu betrachten, einfach referirt. Man gewinnt den Eindruck, dass hier eine thrakische Nation der griechischen einigermassen ebenbürtig zur Seite gesetzt wird, wie ja unser Autor auch auf eigentlich thrakischem Boden neben einem thrakischen Militärstaate die Consolidirung der makedonischen Monarchie — nicht nur eines Scheines wie die perikleïsche in Athen[4] — mit grösster Theilnahme referirt.[5] So mag der Geschichtschreiber nicht unabsichtlich jenes Colonisationsversuches von Brea Erwähnung unterlassen haben.

b) Nichterwähnung wechselnder Zugehörigkeit thrakischer Städte.

Anders steht es doch mit Vorwürfen, die wegen urkundlicher Erwähnung einiger weiteren Städte in Thrakien gegen ihn erhoben worden sind.

---

[1] „ἐπὶ δὲ Στρυμόνα πέμψαντες μυρίους οἰκήτορας αὐτῶν τε καὶ ξυμμάχων . . . ὡς οἰκοῦντες τὰς . . . καλουμένας Ἐννέα ὁδούς". I, 100, 2. Die chronologische, für uns doch auch nicht genau auf julianische Jahre zu rectificirende Angabe dieser Colonisirung — 32 Jahre nach Aristobulos' Versuch, im 29. Jahre vor der Gründung von Amphipolis — findet sich IV, 102.

[2] . . . διεφθάρησαν ἐν Δραβησκῷ τῇ Ἠδωνικῇ ὑπὸ τῶν Θρακῶν ξυμπάντων οἷς πολέμιον ἦν τὸ χωρίον αἱ Ἐννέα ὁδοὶ κτιζόμενον; I, 100 am Ende. Cobet's Streichung der Worte αἱ Ἐννέα ὁδοί beruht auf einer Verkennung ihrer absichtlichen Hervorhebung. Kähler, Beitr. zur Gesch. d. Pentekontaëtie (Hermes 24, 8. 86 und 90) bestimmt die Niederlage von Drabeskos auf 965, die Eurymedon-Schlacht auf 466.

[3] ξύμπαντες Poppo ex Diod. XI, 70, 5; sed nunc neglegentissimus scriptor (das Attribut ist von ungenügender Diodorforschung aufgebracht) accurate Th. sententiam expresserit dubitari potest; inter gentes Thraciae, quae Atheniensibus cladem intulerunt, praecipue fuisse Edoui videntur, quare hos solos nominaverunt Herod. IX, 75, Pausanias I, 29, 4. Joh. Mathias Stahl (1873), Annotatio critica XXXIII.

[4] Ἐγίγνετο δὲ λόγῳ μὲν δημοκρατία, ἔργῳ δὲ ὑπὸ τοῦ πρώτου ἀνδρὸς ἀρχή. II, 65, 6.

[5] II, 95 bis 102. Auf dieses für die persönliche Stellung des Autors gegenüber griechischer Nationalität so bedeutende Stück komme ich unten Kap. II. § 1 zurück.

Es handelt sich zunächst um die Darstellung von Kleon's Feldzug an der thrakischen Küste. Ueber diesen habe ich unter Vorlegung der entsprechenden Einzelheiten früher[1] nachgewiesen, dass derselbe nach unsres Autors ‚Relation . . . bis fast zur Katastrophe militärisch und diplomatisch seine Pflicht gethan hat'. Bei einer allseitigen Prüfung der Urkunde des Nikiasfriedens schien sich aber[2] gerade bei dieser Erzählung eine ‚Reticenz des Geschichtschreibers' zu ergeben: diese soll darin bestehen, dass er ‚den Wiederanschluss der durch Brasidas gewonnenen Städte der Akte: Thyssos, Olophyxos u. s. w. (d. h. Kleonai und Akrothoon) an Athen zur Zeit der Expedition Kleon's gegen Amphipolis' nicht berichtet.

Der Genauigkeit halber ist hier in Bezug auf diese Städte zunächst zu bemerken, wie derselbe Gelehrte kurz vorher hervorgehoben hat, dass ‚wenigstens eine von ihnen, Thyssos, nach dem ausdrücklichen Zeugniss des Thukydides selbst (V, 35) erst im Sommer desselben Jahres, zu dessen Anfang der Friede geschlossen wurde, den Athenern durch die Chalkidier entrissen wurde und bei dieser Gelegenheit als zu jener Zeit zum attischen Bunde gehörig bezeichnet wird'. Die drei übrigen Städte mögen wirklich, wie dort vermuthet wird, ‚dem attischen Strategen' nach dessen ersten Erfolgen ‚ihre Unterwerfung angeboten' haben, ‚vielleicht selbst ohne dessen Aufforderung abzuwarten'. Ebenso möglich ist natürlich, dass sie schon vorher durch Anerbietung von Vortheilen oder in Folge innerer Bewegungen zur attischen Symmachie zurückgetreten sind.

Von drei Möglichkeiten zur Erklärung der ‚Reticenz des Geschichtschreibers', welche hierauf geltend gemacht werden, scheint mir nur eine und auch diese nur in beschränktem Sinne zulässig. Nicht die erste in Bezug auf ‚die Thatsache, selbst wenn sie ihm bekannt war'; dazu lag doch die Akte ihm zu nahe und war sein Interesse für diese thrakische Expedition und für das Land ein zu nachweislich grosses; auch nicht die dritte Möglichkeit dürfte zulässig befunden werden: er ‚mochte . . . sei es, weil die Thatsache geeignet war, Kleon's Thätigkeit in einem vortheilhafteren Lichte erscheinen zu lassen, als ein Gegner desselben wünschen mochte, . . . absichtlich oder unabsichtlich keine Erwägung thun'. Wenn nun, wie bemerkt, nachgewiesen ist, mit welcher Klarheit und Unbefangenheit er Kleon's rühmliche Thaten in Thrakien erzählt, so wird man doch nicht annehmen wollen, dass er den vielleicht ganz ohne Kleon's Zuthun geschehenen Wiederanschluss der drei Städtchen absichtlich und aus solch gehässigem Grunde verschwiegen hätte! Von der dritten vor der eben erörterten erwähnten Möglichkeit der Verschweigung dieser Thatsache: ‚weil sie ihm unerheblich schien', wird noch bemerkt, dass sie vielleicht neben der Gegnerschaft zu Kleon in Betracht kam ‚sei es, dass beide Erwägungen einwirkten'; aber auch in dieser modificirten Form wird das Gehässigkeitsmotiv nicht acceptirt werden können.

‚Weil sie ihm unerheblich schien', wird freilich jeder Geschichtschreiber so manche Begebenheit ausser Acht lassen; aber das Motiv soll auch nicht im Sinne des Chronisten, und vollends des von Hass und Angst getriebenen, für diese hohe Composition gelten. Die Oekonomie der Darstellung von Kleon's Feldzug ist mit einer selbst bei diesem Autor ungewöhnlichen, von jeder Digression freien Sorgfalt durchgeführt, als ob er sich gescheut hätte, seine eigenen Empfindungen gegen den niedrig geborenen Strategen zu un-

---

[1] Kleon bei Thukydides (1880) 410 und 412, Separatabzug 46 und 48.
[2] Kirchhoff, Berliner akademische Sitzungsberichte 1882, 919 bis 921, 930, 937 bis 939 auch über die übrigen wegen der dort gegebenen Interpretation im Texte erörterten Fragen.

gehöriger Einwirkung auf die Darstellung gelangen zu lassen. Der irgendwie eingetretene Rücktritt jener drei Städtchen hätte noch in einem Zwischensatze erwähnt werden dürfen. Es ist nicht geschehen und, wie das Ende des Streites um Lepreos, wohl, bei der nachweislichen Abneigung des Autors gegen Aenderungen,[1] ganz absichtlich auch nicht nachgetragen worden.

Nichts Anderes wüsste ich, dazu ohne das Moment des Ausfalles wie bei jenen Städten der Landzunge Akte, in Bezug auf die Conception von Kleon's thrakischem Zuge über die Thatsache angeben zu können, dass man über „den Abfall von Sermylia und seine Wiedereroberung durch die Athener" keine Nachricht bei unserm Autor findet. Es ist das um so auffallender, als in dem Friedensvertrage von 421 (V, 18, 8) ihrer mit den Bewohnern von Skione und Torone, deren Bewältigung Thukydides (V, 32, 2) bis in Einzelheiten vorführt, als Eigenthum der Athener ausdrücklich und nicht etwa mit einer Andeutung[2] gedacht wird, unter welcher ja auch jene Städte der Akte verstanden werden können.

Wenn auch nicht zugehörig, darf ich doch die vermuthlich ähnlich zu erklärende Auslassung einer andern in dem Friedensvertrage kurz vorher (V, 18, 7) erwähnten Oertlichkeit Pteleon nicht unerwähnt lassen. Ueber ihre Lage — sicher nicht in Thrakien — fehlt jede Nachricht. Mit anderen von den Athenern eroberten Städten und Inseln wird auch dieses Lokal als an Sparta herauszugeben genannt: mit Pylos = Koryphasion, Kythera, Methana und Atalante, über deren Aller Eroberung unser Autor berichtet; nur dies vor Atalante genannte Pteleon fehlt, wie bei Gelegenheit der Prüfung und Erklärung jener Friedensurkunde mit Recht betont worden ist.

Anderseits hat man[3] doch mit Recht hervorgehoben, dass die Bewohner der thrakischen Stadt Ainos, welche in unseren Urkunden während Thukydides' Lebenszeit nur zum Jahre 439, ob auch an letzter Stelle des Tributquotenverzeichnisses aus Thrakien erwähnt werden, sich bei unserm Autor sowohl im Jahre 435 bei Kleon's Feldzug gegen Pylos mit einer Stellung von Peltasten, als im Jahre 415 bei der sicilischen Expedition mit einem Truppencontingente erwähnt finden, hier ausdrücklich mit den Bewohnern von Tenedos als tributpflichtige bezeichnet. Unsere urkundliche Kunde erhält hier eine erwünschte Ergänzung.

Wir aber dürfen sagen, dass der Ausfall jener vier thrakischen Städteerwähnungen und Pteleon's zu den Zufälligkeiten gehört, welche durch nachträgliche Correctur gut zu machen des grossen Geschichtschreibers Selbstgefühl verhindert haben wird. Wir haben gesehen, wie er lieber nach späterer Erkenntniss in offene Widersprüche mit seinen früheren Meinungen geräth, als dass er thäte, was heute nicht Wenige der historischen Darstellung Obliegende für erlaubt halten, in jeder neuen Auflage die angeblich erkannte historische Wahrheit durch eine neue zu ersetzen.

c) Schweigen über die Privilegien Methone's.

Noch haben wir einer Urkunde, eigentlich einer Urkundensammlung auf thrakischem oder makedonischem[4] Boden zu gedenken. Es sind die in den Jahren 428 bis 423 gefassten vier Volksbeschlüsse für die Methonäer, welche unserm Autor der Hauptsache nach noch von

---

[1] Vgl. im ersten Theile S. 8. Wegen der nicht vorgenommenen Aenderungen des Textes vgl. oben S. 30, fg.
[2] καὶ εἴ τινα ἄλλην πόλιν ἔχουσιν Ἀθηναῖοι. V, 18, 8.
[3] Steup II, 46 nach CIA. I, 241, danach Dittenberger, Sylloge Nr. 15, I, 31. Vgl. Thukydides IV, 28.
[4] CIA. I, Nr. 40, p. 25. Dittenberger Sylloge Nr. 32, I, 62 bis 65.

seinem Aufenthalte in Athen genau bekannt sein und nach seinen Interessen für Thrakien und Makedonien immer erheblich erscheinen mussten. Für jeden Kenner seiner historiographischen Grundsätze bildet ihre Nichtbenutzung, ja ihre Ignorirung, ein Räthsel; denn wo immer von günstig gestellten Bundesgenossen der Athener bei unserm Autor die Rede ist, sucht man Methone's Namen vergeblich. Nur im Jahre 415 bei Gelegenheit einer dahin aus Athen abgegangenen Truppensendung und von dort geleiteter Verwendung makedonischer Ausgewanderter gegen des Königs Perdikkas Gebiet ist von der Stadt als kriegerischem Ausgangspunkte die Rede.[1]

Die Methonäer werden in dieser Urkundensammlung zunächst von jeder Steuer befreit, eine kleine religiöse Quote ausgenommen; auch werden ihnen mit einigem Vorbehalte guter Aufführung die Schulden an den athenischen Staat erlassen; eine besondere attische Gesandtschaft an König Perdikkas wird sie selbst, ihr Gebiet und ihren Handelsverkehr gegen Belästigungen schützen; freie Getreideeinfuhr aus Byzanz, wenn auch nur bis zu einer limitirten Höhe, wird ihnen zugesichert: die am Hellespont als Zollwache stationirten Schiffe oder Beamten (Ἑλλησπόντου φύλακες) sollen diese Einfuhr bei schwerer Geldbusse nicht nur selbst nicht hemmen, sondern auch jede Hemmung verhindern; bei einem allgemeinen Aufgebote der Bundesgenossen oder einem andern deren Gesammtheit betreffenden Volksbeschlusse sind sie nur in dem einzigen Falle verpflichtet Folge zu leisten, wenn ‚die Stadt der Methonäer ausdrücklich genannt ist'; ‚nur diese sei ihre Verpflichtung';[2] Beschwerden gegen Perdikkas soll ohne Verzug abgeholfen werden.

Wie man sieht, hat dieses Gemeinwesen eine so ungewöhnlich privilegirte Vertrauensstellung erhalten, dass doch besondere für mich nicht erkennbare Gründe obgewaltet haben müssen, welche den Geschichtschreiber veranlasst haben, dieser Thatsache ganz und gar nicht zu gedenken.

Zweites Kapitel.
Acten verschiedenen Charakters.

Der natürliche Gegensatz zu dem in der Ueberschrift genannten Inhalte des vorigen Kapitels von Staatsurkunden wäre der von Privaturkunden. Dieses Wort hat jedoch technisch eine zu enge Begrenzung gefunden, als dass ich unter solchem Titel die mannigfachen Gegenstände zu behandeln unternehmen könnte, welche in diesem zweiten Theile der vorliegenden Untersuchungen unter dem weiten Begriffe von eingereihten urkundlichen Stücken dem Leser vorgelegt werden müssen. Ich denke, die Eigenthümlichkeit des Stoffes gleich bei dem ersten Thema hinlänglich zur Anschauung bringen zu können.

§ 1. Verwerthung thrakischer urkundlicher Kunde.

a) Gegenwärtiger Stand dieser Forschung.

Es ist bisher unterlassen worden, die mannigfachen Berichte unsres Geschichtschreibers aus Thrakien im Zusammenhange zu betrachten. Unabhängig von denselben habe ich die

---

[1] Μεθώνην τὴν ὅμορον Μακεδονίας VI, 7, 3. Thukydides nimmt die Stadt im Jahre 415 für Thrakien in Anspruch.
[2] φυλάττοντες τὴν σφετέραν αὐτῶν ἐν τῇ τεταγμένῃ ὄντων. Zeile 46 und 47.

Nachrichten vorzulegen gehabt, welche über unsres Autors Abkunft eine begründete Vorstellung gewähren; ich hatte mich dahin zu erklären, denen beizustimmen, welche annehmen, dass er väterlicherseits thrakischer Abkunft, von Mutter — oder Grossmutter — Seite aber mit Miltiades' Familie verwandt gewesen sei. In einem andern Zusammenhange glaubte ich dann, auch mit Rücksicht auf die allem Anscheine nach schon bei seinem Tode nicht genau gekannte Zahl seiner Lebensjahre, die Vermuthung seiner Geburt in Thrakien aussprechen zu dürfen. Als ich später, gegen den Schluss des vorigen Kapitels, den Gesichtspunkt zu erwägen hatte, von welchem aus er atheniensische Colonisationen in Thrakien betrachte, da zeigte sich, dass er die Vernichtung der zehntausend ursprünglichen, von Athen an den Strymon gesendeten Ansiedler um das Jahr 465 mit Worten referirt, welche die Ansiedlung selbst als einen Act der Feindseligkeit gegen „die Gesammtheit der Thraker und deren glücklichen Angriff als eine Art selbstverständlicher Gegenwehr erkennen lassen.[1]

b) Thrakische Kriegssitte.

Von der Kriegsweise der Thraker giebt er eingehenden Bericht bei einem Anlasse, dessen ich bei Gelegenheit des Gebrauches aristophanischer Redewendungen aus den ‚Wespen' zu gedenken hatte.[2] Es handelt sich um einen Kampf thrakischer, in atheniensischem Dienste stehender fünfzehnhundert Söldner. Da wird nun geschildert, wie sie bei Tagesanbruch ein unvertheidigtes boiotisches Städtchen überfallen und die Einwohnerschaft morden — mit Einzelheiten, wie sie in gleichem Falle in fränkischen und arabischen Quellen des neunten Jahrhunderts von dem vielleicht höchst begabten Volke der ganzen Universalhistorie, von den Normannen, gemeldet werden, ohne dass dies doch in unsern Augen als etwas Anderes denn als eine Kriegssitte eines edel gearteten und sittenreinen Volkes gelten könnte. ‚Sie plünderten die Häuser und die Heiligthümer und brachten die Menschen um; sie schonten weder Alter noch Jugend, sondern mordeten Alle nach der Reihe, wen sie eben trafen, auch Kinder und Frauen und dazu auch Zugthiere und was sie sonst an Lebendem sahen.'[3] Die letztere, bei den Normannen z. B. nach der Einnahme von Sevilla im Jahre 844 mit besonderm Entsetzen von den Arabern erwähnte Kriegssitte[4] dürfte sich bei einem nichtgermanischen europäischen Volke kaum noch häufig ausser diesen Thrakern nachweisen lassen. Unser Autor hält es daher, nachdem er eine so merkwürdige Singularität berichtet hat, entsprechend, die nachfolgende völkerpsychologische und vermuthlich auch den Verdacht nationaler Mitempfindung abwehrende Bemerkung beizufügen: ‚denn diese Nation (der Thraker) ist, gleich den eminent zu der Barbarenmasse Gehörenden, höchst mordlustig, wann sie Kühnes vollbringt.'[5] Hierauf bringt er mit einer grössern Genauigkeit, als uns interessirt und die zeitgenössischen griechischen Leser interessirt haben dürfte, die doch runde Ziffer der angeblich zweihundert und fünfzig gefallenen Thraker, mit einer annähernden, also nicht authentischen Schätzung der im Kampfe umgekommenen Griechen, etwa zwanzig sammt einem böotischen Befehlshaber, und einer unbestimmten Zahl (μέρος

---

[1] Erster Theil, S. 6 f. und 12. Zweiter Theil oben S. 51.
[2] Erster Theil, S. 23, Anm. 4
[3] VII, 29; als ein besonders unerwartetes und hartes Missgeschick für die Stadt (ξύμφορα ἀδόκητος καὶ δεινή) wird die Ermordung der oben in das Schulgebäude getretenen Kinder erwähnt.
[4] Ich erlaube mir auf meine Zusammenstellung ‚über die Normannen und ihre Staatengründungen' (1860, Historische Zeitschrift IV, 343) zu verweisen.
[5] Τὸ γὰρ γένος [τὸ τῶν Θρᾳκῶν], ὁμοῖα τοῖς μάλιστα τοῦ βαρβαρικοῦ, ἐν ᾧ ἂν θαρσήσῃ, φονικώτατόν ἐστι. A. a. O.

π) der Bewohner jenes Städtchens. Dessen Unglück mag, wie der Geschichtschreiber schliesslich bemerkt, wirklich um seiner Grösse willen beklagenswürdig sein wie nur irgend eines (οὐδενὸς ἥσσον) in diesem Kriege: ausdrücklich hatte jedoch der Befehlshaber dieser theuren Söldner den Befehl bekommen, bei ihrer Heimfahrt ‚den Feinden mit ihnen womöglich zu schaden';[1] die Exclamation ist überdies für den etwas auffallend, welcher in diesem ganzen Werke ärgere Metzeleien ohne ein Wort des Mitgefühles erwähnt findet.[2] Die Action selbst dürfte aber, wie manch ähnliche serbische und montenegrinische vielleicht auch albanesische, in des guten Gottes Dionysos thrakischer Heimat, in den heimischen Gesängen am Balkan von Herzen gefeiert worden sein. Eine Schilderung dieser Art konnte in der urkundlichen Relation des atheniensischen Befehlshabers der Thraker Namens Dieitrephes ihre erwünschte Grundlage finden. Aus einer Vereinigung beider Quellen dürfte man die uns vorgelegte so einfache als ergreifende Erzählung abzuleiten haben, wie sie auch Herodot nicht anmuthiger gelingen und keinen Mitbürger in Athen nach der unmittelbar vorher (VII, 29) erscheinenden Lobpreisung atheniensischer militärischer Ausdauer und Rüstigkeit verletzen konnte.

c) Das Odrysenreich.

Eine volle Uebersicht über das thrakische Land und Volk und einen imposanten Einblick in den Reichthum seiner Hilfsmittel und die Fülle seiner Wehrkraft erhält man in der mit äusserster Sorgfalt und mit Benutzung eines umfassenden, für die Ziffern doch urkundlichen Materiales in der Schilderung des Odrysenreiches.

Persönliche Sympathie haben wir bei Thukydides Anderen gegenüber beobachtet und scheint er auch dem Makedonenkönige Archelaos wegen seiner administrativen und militarischen Veranstaltungen gewidmet zu haben;[3] denn mehr möchte ich, nach so vielen aus dem betreffenden Satze gezogenen und nachgesprochenen Fehlschlüssen durchaus nicht sagen. Für den, soviel uns zu erkennen möglich ist, mächtigsten unter den thrakischen Fürsten dieser Zeit, den zweiten Beherrscher des Odrysenreiches, den König Sitalkes, hat er irgend welche Sympathie nicht besessen. Sonst hätte er den Tod desselben im Jahre 424 ‚um die Tage der Schlacht von Delion' bei oder nach einem unglücklichen Feldzuge gegen die Triballer und die Nachfolge seines Neffen Seuthes nicht so gänzlich ohne ein freundlich charakterisirendes Wort gemeldet. Eher scheint er noch diesem letztern günstig gestimmt gewesen zu sein, der ‚wahrlich sehr viel gethan' habe.[4]

Eben hier finden wir die, in unsres Autors und Alkibiades Lebensgeschichten[5] als ein wichtiger Factor bemerkten ‚autonomen' oder ‚königlosen' Thraker erwähnt, unter deren ‚Ersten', also Fürsten oder Häuptlingen, der Geschichtschreiber selbst eine so angesehene Stellung einnahm; bei der Gründung des grossen Odrysenreiches durch Sitalkes' Vater Teres wird ausdrück-

---

[1] τοὺς πολεμίους, ἤν τα δύνηται, ἀπ' αὐτῶν βλάψαι. A. a. O.
[2] Kleon bei Thukydides 377 f.
[3] ... τὰ νῦν ὄντα ἐν τῇ χώρᾳ ᾠκοδόμησε καὶ ὁδοὺς εὐθείας ἔτεμε καὶ τἆλλα διεκόσμησε τὰ κατὰ τὸν πόλεμον ἵπποις καὶ ὅπλοις καὶ τῇ ἄλλῃ παρασκευῇ κρείσσονι ἢ ξύμπαντες οἱ ἄλλοι βασιλῆς ὀκτὼ οἱ πρὸ αὐτοῦ γενόμενοι II, 100, 1. Ueber diese Königsfolge bleibt, wie mir scheint, auch nach des verewigten Gutschmid Anagraphe und H. Pack's sorgfältiger Correctur derselben (Hermes X, 281 f.) vom Gesichtspunkte makedonischer Mythenbildung noch Einiges zu sagen. Doch hat Pack das Verdienst, Euripides' Einfluss auf diese Mython durch dessen Drama ‚Archelaos' zwischen 410 und 406 (S. 295 f.) und den Beginn makedonischer fester Daten erst seit 414/13 (S. 300) hervorgehoben zu haben.
[4] IV 101 und II, 97, 3: ἐπὶ Σεύθου, ὃς πλεῖστον δὴ ἐποίησεν.
[5] Erster Theil S. 6 f., 10 f.

lich bemerkt, dass es zwar den grössern Theil des übrigen Thrakien begriffen habe, ‚ein grosser Theil von Thrakern aber autonom' sei.¹ Hiebei wird die enge historische Verbindung des ganzen Volkes mit den Griechen in deutliche Erinnerung gebracht. Es wird zwar jeder Zusammenhang zwischen diesem Könige Teres und jenem, in dem ‚von den Dichtern'² behandelten Mythus der Schöpfung der Nachtigall' vorkommenden, Tereus in Abrede gestellt; aber zugleich wird der Leser doch erinnert, dass dieser König Tereus, Schwiegersohn des attischen Königs Pandion, in der jetzt Phokis genannten Landschaft mit seinen Thrakern wohnte.

Nun wird uns freilich mitgetheilt, wie Teres' Sohn, der König Sitalkes, im Jahre 431 von den Athenern zum Bundesgenossen gemacht wurde ‚besonders in der Hoffnung, kräftige Unterstützung von ihm gegen Makedonien zu erhalten; über das weitere Wachsthum des Odrysenreiches, namentlich gegenüber den ‚unabhängigen' Thrakern, werden wir hier nicht näher unterrichtet, so wenig wir später, nach Sitalkes' Tode, über thrakische Verhältnisse zusammenhängende Nachrichten erhalten oder anders ausgedrückt: von der Zeit an, da Thukydides seinen ständigen Aufenthalt in Thrakien nahm.

Zum Herbste des Jahres 429 bei Gelegenheit des grossen, in Verbindung mit athenischer Reichsmacht geplanten Unternehmens gegen Makedonien liegt aber vom Odrysenreiche ein, diesmal in die oben schon angedeuteten zahlreichen Einzelheiten gehender Bericht vor. Unser Autor nennt nunmehr ‚Sitalkes, Teres' Sohn, Odryse, Thrakerkönig', ohne uns über Zeit und Bedingungen der Annahme dieses officiell und wohl auch inschriftlich geführten Titels aufzuklären. Da jedoch hier erst von einer Bedingung die Rede ist, welche er bei dem Eintritte in die attische Symmachie einging,³ so dürfte mit ihm, der wenn nicht ohnehin so doch durch seine Ehe mit einer Griechin aus Abdera mit griechischen Vertragsformen bekannt geworden sein wird, ein förmlicher Vertrag der Bundesgenossenschaft geschlossen sein. In diesem Vertrage, dessen Wortlaut Thukydides vorgelegen haben dürfte, muss sich wohl urkundlich die mitgetheilte feierliche neue Titulatur des emporstrebenden Balkanfürsten befunden haben und so die Anerkennung derselben im Verkehre der gebildeten Nationen durch eine Grossmacht ausgesprochen worden sein.

Bei diesem Anlasse erhalten wir eine übersichtliche Kunde über des Königs Eroberungen im Norden des Balkan bis zur Donau und deren Mündung. Hier werden als seinem Rufe, ob auch gegen Sold oder freiwillig gehorchend, (παρακλ.ει) ‚viele autonome, säbeltragende meist im Rhodopegebirge wohnende Gebirgsthraker' genannt, welche doch identisch mit den später unter dem Fussvolke genannten ‚besonders streitbaren, autonomen, aus dem Rhodopegebirge herabgestiegenen Säbelträgern' sein dürften.⁴ Aber neben diesen werden noch andere für Thukydides' und Alkibiades' Geschichte vielleicht mehr in Betracht kommende bei Sitalkes' Heer genannt: ‚viele von den autonomen Thrakern folgten ungerufen des Raubes

---

¹ πολὺ γὰρ μέρος καὶ αὐτόνομον ἐστὶ Θρᾳκῶν. II, 29, 2.
² πολλοῖς δὲ καὶ τῶν ποιητῶν ἐν ᾠδῶν μνήμῃ Ἀηδολὶς ἡ ὄρνις ἐπωνόμασται. II, 29, 3. Ich denke, dass der Gelehrte, welcher die am Schlusse des ersten Theiles ausgedrückte Hoffnung erfüllen wird, den übrigen von Thukydides benutzten Dichtern nachzugehen, auch die ursprüngliche Gestalt dieses von Thukydides so decent angedeuteten Mythus finden wird.
³ Σιτάλκης ὁ Τήρεω, Ὀδρύσης, Θρᾳκῶν βασιλεύς, ... τοῖς τε Ἀθηναίοις αὐτὸς ὡμολογήσει, ὅτε τὴν ξυμμαχίαν ἐποιεῖτο, τὴν ἐπὶ Θρᾴκης Χαλκιδικὴν πόλεμον καταλύσειν. II, 95, 1 und 2.
⁴ Ganz sicher ist das doch nicht, wenn auch die wahrscheinlichste Auskunft. Zuerst erscheinen schon beim Beginne der Eroberungen (II, 96, 1) Rodopethraker: ἀνέστησε ... τῆς 'Ροδόπης Θρᾷκας ὅσων ἔρχει. Das können eben nicht wohl die autonomen sein. Dann aber heisst es (II, 96, 2): παρεκάλει δὲ καὶ τῶν ὀρεινῶν Θρᾳκῶν πολλοὺς τῶν αὐτονόμων καὶ μαχαιροφόρων, οἳ Δίοι καλοῦνται, τῆς 'Ροδόπης οἱ πλεῖστοι οἰκοῦντες, καὶ τοὺς μὲν μισθῷ ἔπειθον, οἱ δ' ἐθέλονται ξυνεπηκολούθουν (wie es scheint auch solche, die nicht zu den Dioi gehören), ferner (II, 98 s. f.) liest man: τοῦ δὲ πεζοῦ οἱ μαχαιροφόροι μαχιμώτατοι μὲν ἦσαν οἱ ἐκ τῆς 'Ροδόπης

halber'.¹ Nicht überliefert wird, wie weit bei diesem Geschäfte Häuptlinge (πρῶτοι) aus des Geschichtschreibers Bekanntenkreise² bei diesem Geschäfte betheiligt waren; auf alle Fälle scheinen nach der Verschiedenheit der Bezeichnung diese Häuptlinge nicht mit dem ‚neben‘ dem Könige ‚Gebietenden‘ und ‚Adeligen unter den Odrysen‘ indentificirt werden zu dürfen.³

Die Zahl der von Sitalkes gegen Makedonien geführten Truppen wird auf fünfzehn Myriaden geschätzt (λέγεται γενέσθαι), der Reichsumfang von ‚Abdera bis zum schwarzen Meere und zur Donau‘ bei günstiger Fahrt eines Handelsschiffes auf vier Tage und Nächte, die Diagonale von Abdera zur Donau auf elf Tagemärsche eines unbelasteten raschen Fussgängers angegeben; das Jahreseinkommen mit Einschluss der Steuerbeträge der durch Seuthes gewonnenen griechischen Gemeinwesen (τῶν Ἑλληνίδων πόλεων) wird bestimmt auf ‚ungefähr‘ (μάλιστα) vierhundert Talente Silber, in Gold und Silber geliefert; hiezu komme jedoch ein gleich grosser Betrag (οὐκ ἐλάσσω τούτων) an Geschenken in Gold und Silber; eine dritte Kategorie bilden gewirkte Stoffe und glatte Gewebe mit ähnlichen Ausstattungsgegenständen, die übrigens auch den Grossen geliefert werden.⁴

Wie ungünstig sich nach unsrem Autor für das athenicnsische Reich die Summe dieser Einkünfte stellt, ist früher⁵ erörtert worden.

Sitalkes brach seinen grossen Kriegszug gegen Makedonien wegen Ausbleibens der zugesagten athenicnsischen Hilfe und wegen Proviantmangels ab. Aber sehr eindringlich wird uns vorgestellt (II, 101, 2), wie die nächsten griechischen Stämme bis zu den Thermopylen von Furcht ergriffen wurden (ἐφοβήθησαν) und sich in Bereitschaft (παρασκευή) setzten.

§ 2. Persische Briefe und Weisungen.

a) Thukydides' Ansichten von den Persern.

Zweimal hat unser Autor bei seinen thrakischen Schilderungen Anlass, der Perser zu gedenken.

Es geschieht zuerst bei dem Ansinnen,⁶ welches die Athener an eben jenen König Sitalkes im Jahre 430 richten, peloponnesische Gesandte ihnen auszuliefern, welche ihren Weg zunächst zum Statthalter des nordwestlichen Kleinasien und von diesem zum persischen Hofe durch Thrakien genommen hatten.

Ihr Auftrag lautete allem Anscheine nach wörtlich nur dahin, ‚sie mögen den König überreden, Geld zu gewähren und am Kriege Theil zu nehmen‘.⁷ Diese urkundliche Instruction hat das sprichwörtliche spartanische Gepräge. Am persischen Hofe beklagte man sich im Jahre 425 über die Spartaner, eben wohl auch wegen dieser seltsamen lakonischen Accreditirungs-

---

αὐτόνομοι καταβάντες; endlich werden ‚in den Ebenen nordwärts jenseit des Strymon‘ unabhängige Thraker erwähnt (II, 101, 2) Παναῖοι καὶ Ὀδόμαντοι καὶ Δρῶοι καὶ Δερσαῖοι· αὐτόνομοι δ᾽ εἰσὶ πάντες.
¹ Πολλοὶ . . τῶν αὐτονόμων Θρᾳκῶν ἀπαράκλητοι ἐφ᾽ ἁρπαγὴν ἐξηλούθουν. II, 98, 2.
² Erster Theil S. 6 und 11.
³ τοῖς παραδυναστεύουσί τε καὶ γενναίοις Ὀδρυσῶν. II, 97, 3.
⁴ II, 98, 2; 97, 1 und 2.
⁵ Oben Kap. I, § 3, Excurs über Perikles S. 33.
⁶ II, 67.
⁷ πορευόμενοι ἐς Ἀσίαν ὡς τὸν βασιλέα, εἴ πως πείσειαν αὐτὸν χρήματα τε παρέχειν καὶ ξυμπολεμεῖν. II, 67.

weise der Botschafter: „man wisse nicht, was sie wollen; von vielen angelangten Gesandten sage Keiner das Gleiche."[1]

Zwei atheniensische Gesandte bei Sitalkes beredeten aber dessen vor einigen Jahren in das atheniensische Bürgerrecht aufgenommenen Sohn, irgend welche Schädigung seiner nunmehrigen Staatsgemeinschaft durch Auslieferung jener peloponnesischen Botschafter zu verhindern;' in der That liess der Königssohn sie im Momente ihrer Einschiffung am Hellespont ergreifen, den beiden Gesandten ausliefern und diese brachten sie nach Attika. ‚Die Athener' liessen sie aber aus Angst vor der militärischen Befähigung eines Mitgliedes jener Botschaft[2], unter einem Repressalienvorwande, sofort ohne Urtheil und ohne sie nur zu Worte kommen zu lassen, umbringen und in Abgründe werfen.

So summarisch das Verfahren erscheint, der Bericht enthält aus den Verhandlungen der betreffenden Volksversammlung den wahren, von einem Redner geltend gemachten Grund der Tödtung: damit der zu der Botschaft gehörige Korinther Aristeus ihnen nicht wieder noch mehr Böses zufüge, wenn er entkomme, da er auch früher in Bezug auf die potidäatischen und thrakischen Angelegenheiten Alles zu Wege gebracht zu haben schien. Ferner enthält der Bericht den Beschluss der Hinrichtung noch am Tage der Ankunft und zwar mit einer Begründung, welche der Autor erklärt: ‚die Lakedämonier vernichteten als Feinde bei Beginn des Krieges sowohl alle mit den Athenern zum Kriege Verbundenen, als auch alle Neutralen, die sie auf dem Meere fiengen.' Vorhergeht, was zu Recht erkannt wurde (δικαιοῦντες), ‚Vergeltungsrecht mit demselben Verfahren zu üben, welches die Lakedämonier aufgebracht hatten, indem sie die von ihnen bei der Umschiffung des Peloponnes in Handelsfahrzeugen . . . gefangenen Seefahrer der Athener und ihrer Bundesgenossen tödteten und in Abgründe warfen."[4]

Nach der von dem Autor beigefügten Interpretation des Beschlusses bezieht sich derselbe ‚wie es scheint, auf Ereignisse ausschliesslich des vergangenen ersten Kriegsjahres, auf ‚die Zeit des Kriegsausbruches' (κατ' ἀρχὰς τοῦ πολέμου), da die Hinrichtung der in Plataea eingedrungenen Thebaner so grosse Erbitterung erregt hatte. Der widrige Eindruck, welchen der ganze Bericht von diesem so feigen als grausamen Gesandtenmorde bei dem Leser hinterlässt, wird durch diese von mir vorangestellte, von Thukydides aber als Schluss des Berichtes gebrachte Erklärung nur gesteigert.[5]

Bei der Verhaftung der Gesandten wird ja freilich von dem für die Pflichten seines neuen atheniensischen Bürgerrechtes übereifrigen Königssohne die Ehre des thrakisch-odrysischen Reiches insoweit gewahrt, als das freie Geleite der Gesandten nicht eigentlich auf thrakischem Boden, sondern im Momente ihrer Einschiffung, also gleichsam in neutralem Gewässer erfolgt. Von persischer wie peloponnesischer Seite wird man das aber keineswegs

---

[1] . . . ἐν αἷς (ἐπιστολαῖς) κεφάλαιον ἦν πρὸς Λακεδαιμονίους. οὐ γιγνώσκειν ὅτι βούλονται· πολλῶν γὰρ ἐλθόντων πρέσβεων οὐδένα ταὐτὰ λέγειν. IV, 50, 2.

[2] . . . ὅπως μὴ διαβάντες ὡς βασιλέα τὸν ἐκείνου πόλιν τι μέρος βλάψωσιν.

[3] Die Motivirung der niedrigen Bluttat lautet mit höhnischem Auswahl: ἀφικομένων δὲ αὐτῶν δείσαντες οἱ Ἀθηναῖοι τὸν Ἀριστέα μή, ἐὰν σφᾶς ἔτι πλείω κακουργῇ διαφυγών, ὅτι καὶ πρὸ τούτων τὰ τῆς Ποτειδαίας καὶ τῶν ἐπὶ Θρᾴκης (das wird doch hier zuerst behauptet) πάντ' ἐφαίνετο πράξας, ἀκρίτους καὶ βουλομένους ἔστιν ἃ εἰπεῖν αὐθημερὸν ἀπέκτειναν πάντας καὶ ἐς φάραγγας ἔβαλον. II, 67, 4.

[4] τοῖς αὐτοῖς ἀμύνεσθαι, οἵσπερ καὶ οἱ Λακεδαιμόνιοι ὑπῆρξαν, τοὺς ἐμπόρους οὓς ἔλαβον Ἀθηναίων καὶ τῶν ξυμμάχων ἐν ὁλκάσι (im Originalbeschlusse folgten wohl hier die technischen Ausdrücke für die übrigen aufgebrachten Fahrzeuge) περὶ Πελοπόννησον πλέοντας ἀποκτείναντες καὶ ἐς φάραγγας ἐκβαλόντες. II, 67, 4.

[5] Πάντας γὰρ δὴ — an der Thatsache ist nicht zu zweifeln — κατ' ἀρχὰς τοῦ πολέμου οἱ Λακεδαιμόνιοι ὅσους λάβοιεν ἐν τῇ θαλάσσῃ ὡς πολεμίους διέφθειρον καὶ τοὺς μετὰ Ἀθηναίων ξυμπολεμοῦντας καὶ τοὺς μηδὲ μεθ' ἑτέρων. II, 67, 5.

haben gelten lassen, sondern das Geschehene als einen aus Angst vor den Athenern vollbrachten Act niedriger Liebedienerei aufgefasst haben. Es ist der Eindruck, welchen Thukydides auf den Leser von dem Ereignisse hervorgebracht zu sehen wünscht und zweifellos selbst empfangen hat.

Denn hier ist der Ort, nochmals auf die mannigfachen Bande zurückzukommen, welche die Thraker zu dem persischen Reiche festhielten.[1] In Darius' späteren Inschriften, wie in Herodot's Erzählungen erscheint Thrakien als eine gesonderte bedeutende Satrapie. Von den Griechen und gelegentlich den Egyptern abgesehen haben aber alle unter die Herrschaft des achämenidischen Grosskönigs gekommenen Völker das persische Regiment als ein die Völkereigenthümlichkeiten schonendes, auf den Wohlstand aller Unterworfenen bedachtes kennen gelernt. Diese lebenslustigen, auf alle Bequemlichkeit und Verschönerung des Privatlebens, wie später die Römer im Gegensatze zu den Griechen, bedachten Perser mit ihrer vollkommenen Wahrhaftigkeit, ihrem lebhaften Ehr- und Pflichtgefühle, ihrem Stolze auf unmittelbarste Zugehörigkeit zu einer straff entwickelten monarchischen Gewalt — dieses Thrakern wie Hellenen nächstverwandte westarische Herrschervolk konnte der Masse der thrakischen Bevölkerungen und vollends ihren höheren Ständen nur Vertrauen einflössen und, nach seiner Verdrängung aus der europäischen Herrschaft durch die Hellenen, Erinnerungen dankbaren und freundlichen Mitgefühles zurücklassen. Wir sahen, wie die Thraker sich in den Besitz von den Persern geräumter Städte und allem Anscheine nach mit deren Zustimmung setzten.

Trotz aller Hellenensiege über die Perser behauptet unser Autor in der oben (S. 33) erörterten Berührung der Skythen, von Europa ganz abgesehen sei auch kein einzelnes Volk Asiens (ἔθνος ἓν πρὸς ἕν) im Stande, den etwa einighandelnden Skythen zu widerstehen (II, 97). Eine Unterwerfung derselben durch die persische Reichsmacht, durch eine verbesserte Erneuerung von Darius' Skythenzug, hält der Geschichtschreiber somit für keineswegs undenkbar.

Wie er uns die Eigenartigkeit und an Machtmitteln, wie wir (S. 58) sahen, dem athenischen Reiche so ungemein überlegene Gestaltung des thrakisch-odrysischen Reiches vorführt, kommt er auf einen auffallenden, für die dortige administrative und ökonomische Verwerthung bedeutend gewordenen Charakterzug der thrakischen Nationalität. Er spricht von dem zu grossen Werthe und der Menge der freiwilligen Gaben, welche die Regierung von den Thrakern empfängt. Das sind aber erbetene Geschenke, da es eine, nach Tacitus[2] einigermassen auch bei den Germanen mindestens im Gastrechte geltende, Sitte sei, es ‚für schimpflicher zu halten, dass der um etwas Gebetene nicht gebe, als dass der Bittende nicht erhalte', was er wünscht. ‚Wer jedoch im Machtbesitze ist, unrecht im höheren Masse davon Gebrauch, denn nicht möglich wäre etwas zu erreichen, wenn man nicht Geschenke gibt.' Im Allgemeinen wird aber vorher bemerkt: die Odrysen ‚haben im Gegensatze zum persischen Königreiche, was auch bei den übrigen Thrakern gilt die Sitte, lieber zu nehmen als zu geben.'[3] Die milde und freigebige Art persischen Regimentes kann nicht wohl in rückhaltloserer Weise anerkannt werden.

---

[1] Vgl. im ersten Theile S. 25 mit Anmerkung 3, in diesem zweiten Kapitel 1, § 4, Excurs S 33; Kapitel 2, § 1, S. 57, hierzu die im vorliegenden Paragraphen unter b S. 63 gemachten Bemerkungen über Artaphernes' Verhaftung in Eion.

[2] Germania 21: abeunti (hospiti), si quid poposcerit, concedere moris et poscendi invicem eadem facilitas. Gaudent muneribus, sed nec data imputant, nec acceptis obligantur.

[3] λαμπρύναντο γὰρ τοὐναντίον τῆς Περσῶν βασιλείας τὸν νόμον, ὄντα μὲν καὶ τοῖς ἄλλοις Θρᾳξί, λαμβάνειν μᾶλλον ἢ διδόναι καὶ αἴσχιον ἦν αἰτηθέντα μὴ δοῦναι ἢ αἰτήσαντα μὴ τυχεῖν· ὅμως δὲ κατὰ τὸ δύνασθαι ἐπὶ πλέον αὐτῷ ἐχρήσαντο· οὐ γὰρ ἦν πρᾶξαι οὐδὲν μὴ διδόντα δῶρα. II, 97.

Hiemit dürfte sich auch eine Aeusserung erklären, welche bisher nur für die Baugeschichte Athen's verwendet und aus des Autors Interesse für dieselbe und für die topische Beschreibung des Maasses der persischen Stadtzerstörung im Jahre 479 erklärt worden ist. Er bemerkt, des Wiederaufbaues der Stadt durch die zurückkehrende Bevölkerung gedenkend, dass dieselbe die meisten Häuser zusammengefallen fand; ‚wenige waren noch vorhanden, in welchen die persischen Grossen persönlich (αὐτοί) ihren Aufenthalt genommen hatten.'¹ Der den Hellenen der Zeit unverständliche persische Comfort gelangt hier zu einer Vorstellung.

Gänzlich eignete sich diese Lebensbequemlichkeiten Pausanias an, der Mitherrscher Sparta's und Oberbefehlshaber der Hellenen in der eigentlichen Entscheidungsschlacht von Platäa. Wie hätte ihm bei dem Anblicke der dortigen Beute der Unterschied gegen den selbst den spartanischen Herrschern auferlegten unverbrüchlichen Zwang eines Lebens kärglicher Eingeschränktheit nicht unmittelbar einladend entgegentreten sollen! Nach der Einnahme von Byzanz konnte diesem Agiaden, vollends während seines der Rückbernfung nach Sparta vorangehenden Aufenthaltes im trojanischen Gebiete, (I, 131, 1) das bequeme fürstliche Dasein nicht entgehen, welches der vor etwa anderthalb Jahrzehnten aus Sparta vertriebene König Demaratos des Eurypontidenhauses ganz in der Nähe der Küste des nordwestlichen Kleinasien durch die freigebige Gnade des persischen Königs erhalten hatte.² Sobald er nun seinerseits derselben sicher war, nahm er die Gewohnheiten des persischen Hofes an. ‚Er war', sagt unser Autor (I, 130), ‚auch vorher in grossem Ansehen bei den Hellenen wegen des Commandos von Platää ,wurde nunmehr noch viel hochfahrender und konnte dies Leben nicht mehr in der herkömmlichen Weise führen, sondern legte, als er Byzanz verliess, medische Ausstattung an, und als er durch Thrakien reiste, hatte er medische und ägyptische Speerträger, hielt auch persische Tafel.' Wir werden das Bild des so durch Thrakien ziehenden spartanischen Fürsten authentischen Ueberlieferungen verdanken, welche unser Autor dort oder von dort empfieng. Er tadelt Pausanias' Hochmuth und Unvorsichtigkeit und zuerst seine Gewaltthätigkeit (I, 95); aber nicht mit einem Worte deutet er an, dass das Beginnen desselben hellenischer Nationalität, Würde und Ehre widerstrebte.

Wie weit war doch Thukydides entfernt von der Begeisterung, mit welcher Herodot die Geschichte der Freiheitskämpfe vortrug! War ihm schon so manche Flüchtigkeit und Ungenauigkeit des weitgereisten Halikarnassiers widerwärtig — und wie oft bekämpfte er ihn in Missachtung, ohne ihn zu nennen! — so mochte er den paränetischen Ton und Zweck des eigentlichen Kernes der Herodoteischen Darstellung,³ der drei letzten Bücher unserer Zählung, der historischen Betrachtung durchaus unwürdig finden. Wie unser Autor nun einmal geartet war und sein Geist unter den Wandlungen des peloponnesischen Krieges und unter dem Segen seiner unsterblichen Arbeit sich erweiterte und vertiefte, konnte ihm die hellenisch-patriotische Tendenz der ob auch hinreissend anmuthigen Erzählungen Herodot's nur wie eine grosse Fälschung der Wahrheit erscheinen. Man kann sagen: er sah die griechischen Kämpfe vollends seiner Zeit von jedem andern Standpunkte eher, als von einem nationalgriechischen.

---

¹ οἰκίαι αἱ μὲν πολλαὶ ἐπεπτώκεσαν, ὀλίγαι δὲ περιῆσαν, ἐν αἷς αὐτοὶ ἐσκήνησαν οἱ δυνατοὶ τῶν Περσῶν. I, 89 am Ende. ‚Nach Herodot IX, 13 hätte Mardonios bei seinem Abzuge eben nichts übrig gelassen', wie Krüger bemerkt. Wir müssen bemerken, dass der Autor auch diesen Anlass benutzt, um ohne Namennennung Herodot zu corrigiren.

² Herodot VI, 70; Xenophon, Hellenika III, 1, 6. Vgl. meine ‚kritische Untersuchung zur egyptischen Forschung Herodot's' (Sitzungsberichte der kaiserlichen Akademie, Band 72) S. 566.

³ Vgl. ‚zur egyptischen Forschung Herodot's', a. a. O., 565.

b) Correspondenz des Perserkönigs mit Pausanias.

Die Correspondenz des als Verräther im Gesammtgriechenland Umgekommenen mit dem persischen Hofe ist nach des Geschichtschreibers Darstellung der Katastrophe[1] dieses einstigen Hellenenführers „später aufgefunden worden".[2] Das betreffende urkundliche Material wird uns hierauf in zwei Schreiben vorgelegt. Wie es mit den authentischen Nachrichten über die gerichtliche Procedur in des Autors Hände gelangt ist, deuten uns nur jene beiden Worte an. Diese genügen jedoch, um uns über die Herkunft dieser Akten nicht im Zweifel zu lassen. Thukydides erzählt uns dann ausführlich, wie die Untersuchung gegen Pausanias von den Ephoren geführt wurde.[3]

Wiederholt wird Alkibiades' in Liebesdiensten gegen den Verbannten bewährter Gönner Endios genannt. Man hat ihn in Athen nach der grossen Niederlage der spartanischen Streitkräfte bei Kyzikos als Führer und Redner einer den Frieden unter den günstigsten Bedingungen[4] bietenden Gesandtschaft und ein Jahrzehnt früher als Mitglied einer andern durch Alkibiades arg hintergangenen[5] Gesandtschaft abgewiesen. Endios aber war gutmüthig oder einsichtig genug, sich als Ephor von „dem ihm sehr nahestehenden Gastfreunde"[6] Alkibiades zur Förderung der spartanischen Expedition nach Kleinasien bestimmen zu lassen, wie dieser ihn auch in geheimer Unterredung[7] zu seiner eigenen Entsendung dahin bewog.

Der Erwägung bedürfen aber hier mehrere Umstände. Einerseits liegt das vertrauliche Verhältniss des genialen Flüchtlings zu dem angesehenen und ehrgeizigen spartanischen Oberbeamten klar vor. Hiezu kommt das sachliche Interesse, welches der in Sokrates' Schule zu den Grundsätzen wissenschaftlicher Forschung erzogene Alkibiades den Actenstücken und Ueberlieferungen von der bis dahin unaufgeklärten Katastrophe einer so bedeutenden Figur, wie Pausanias gewesen war, entgegen bringen musste. Endlich hatten für das Collegium der Ephoren oder dessen Vorsitzenden — wir sind über die Präsidialbefugnisse dieses Eponymos des spartanischen Jahres nicht unterrichtet — die beiden erhaltenen Pausaniasacten nach mehr als einem halben Jahrhundert jedes eigentliche politische Interesse verloren. Es konnte sogar eine etwa zugesagte Publication jener Acten und der Nachrichten über die Klarstellung von Pausanias' Schuld nur zur Rechtfertigung des spartanischen Staates und seiner Ephoren dienen. Denn diese letzteren dürften Menschenkenntniss genug gehabt haben, um zu wissen, dass Alkibiades ein seinen Freunden gegebenes Wort nicht breche.

Es wird uns bei Thukydides, wir dürfen jetzt wohl sagen: nach Alkibiades' eigener hierin gewiss glaubwürdiger Versicherung ein merkwürdiger Beweis dieser Treue für das dem Freunde gegebene Wort mitgetheilt. Als der erfindungsreiche Abenteurer mit dem

---

[1] Ueber die formelle Entstehung der jetzt getrennten beiden Theile von Pausanias' Geschichte (I, 95 und 96, dann I, 128 bis 135) glaube ich mich oben S. 16, Anm. 5, hinlänglich geäussert zu haben.
[2] . . ὕστερον ἀνευρέθη. I, 128, 4.
[3] ἥτις δὲ τοῖς ἐφόροις τὸν βασιλέα δρᾶσαι τοῦτο. I, 131, 2.
[4] Diodor XIII, 52: die immerhin instructive Rede ist dürrer Auszug mit einigen willkürlichen platten Zuthaten, obwohl von Diodor in gutem Glauben introducirt; daher (c. 53) nur: τούτοις παρακλήτω τοῦ Λάκωνος διαλεχθέντος.
[5] Im ersten Theile, S. 13 näher ausgeführt; über Endios sonst ebendas. S. 19, wo auch das in der zweitnächsten Anmerkung Vorgeführte mit flüs schon berührt ist.
[6] ξυνέπρασσε γὰρ αὐτοῖς (Λίσος) καὶ Ἀλκιβιάδης, Ἐνδίῳ ἐφορεύοντι πατρικὸς ἐς τὰ μάλιστα ξένος ὤν. VIII, 6, 3.
[7] Ἐνδίῳ τε αὐτῷ ἰδίᾳ ἔλεγεν, καλὸν εἶναι (denn Endios ist, wie so viele Andere, von Alkibiades an seiner Eigenliebe geleitet) δι' ἑαυτοῦ ἀποστῆσαί τε Ἴωνίαν καὶ βασιλέα ξύμμαχον ποιῆσαι Λακεδαιμονίοις γενέσθαι καὶ μὴ Ἄγιδος τὸ ἀγώνισμα τοῦτο γενέσθαι VIII, 12, 2; vgl. 17, 2.

spartanischen Commandirenden Chalkideus nach den ersten glücklichen Erfolgen in den kleinasiatischen Gewässern sich gegen Milet wendete, hatte er folgende Absicht, (VIII. 17, 2): ‚Alkibiades wollte . . . die Milesier gewinnen für die Chier und für sich selbst und für Chalkideus und für den, der ihn abgesendet: für Endios, wie er versprochen hatte (ὥσπερ ὑπέσχετο) den Kampfpreis gewinnen, dass er mit der Macht der Chier und Chalkideus die meisten der (dortigen griechischen) Städte zum Abfalle bringe.' Der ‚Kampfpreis' aber hat die Bedeutung, dass Alkibiades im Gespräche mit Endios (VIII 12, 2) diesen eventuellen Erfolg auch als einen solchen des Ephoren über die rivalisirende Macht des Königs Agis dargestellt hatte.

Ueber die Frage, ob er nur Abschriften von der Pausaniascorrespondenz nehmen durfte oder die Originale erhielt, kann man wohl verschiedener Meinung sein, wenn mir auch die letztere Alternative die wahrscheinlichere dünkt. Ganz ausgeschlossen sollte aber die Vermuthung sein, dass Alkibiades diese Acten, welche nach unsres Autors Worten ‚später gefunden wurden', auf eine unredliche Weise in seinen Besitz gebracht habe.

Der sachliche Inhalt der Correspondenz ist für die uns hier beschäftigenden Fragen nicht von directem Belang. Um so bemerkenswerther würde es sein, wenn man für die Kanzleiformen der persischen Könige eine Ausbeute gewinnen könnte.

Hier ist wohl zunächst zu erinnern, dass man in Griechenland mit den Formen des höheren persischen Beamtendienstes und den Formeln des schriftlichen Verkehres mit dem Perserkönige doch in den Hauptstädten mindestens der grössten Staaten bekannt gewesen sein wird.

Im Winter von 425 auf 424 wurde in Eion am Strymon von einem atheniensischen zur Eintreibung von Geldcontributionen ausgesendeten Geschwader ein persischer Gesandter aufgebracht. Für die in dieser Untersuchung mehrfach berührten Beziehungen der Thraker zu den Persern[1] ist übrigens auch diese Thatsache bezeichnend, dass der Betreffende seinen Weg durch Thrakien genommen hatte oder, wenn zur See, an der immerhin doch auch eine wohlbewachte attische Steuerprovinz bildenden thrakischen Küste. Er wird von Thukydides im eminenten Sinne als persischer Mann oder Herr (ἄνδρα Πέρσην) bezeichnet, wie auch zur Herrscherklasse in Lakedämon Gehörige als spartiatische Männer. Sein Name Artaphernes bringt die Geschichten von des ersten Darius Erhebung, Familie, Bewältigung des ionischen Aufstandes und Aussendung des bei Marathon geschlagenen Heeres in Erinnerung. Wie jene peloponnesischen Gesandten fünf Jahre vorher, wurde auch dieser Verhaftete nach Athen gebracht; aber er wurde zum Unterschiede von der mit schmählicher Hinrichtung endenden Behandlung jener Früheren mit einer atheniensischen an den persischen Hof bestimmten Botschaft auf einem Kriegsschiffe nach dem in persischer Unterthänigkeit gebliebenen Ephesus geleitet. Bei Artaphernes wurden nun Briefe an die Spartaner gefunden, in welchen diese mit Aeusserungen der Verwunderung über ihre bisherigen[2] Botschaften ersucht wurden, mit dem Ueberbringer andere Bevollmächtigte an den Hof zu senden. ‚Die Athener lasen die Briefe, nachdem sie dieselben aus assyrischer Schrift übertragen hatten.'[3] Es gereicht Heeren's vielbewährtem Scharfsinne[4] zur Ehre, hier zunächst die Uebertragung

---

[1] Vgl. oben S. 60.
[2] Vgl. in diesem Paragraphen unter a S. 59 und die dort in Anmerkung 1 gegebenen Rückweise.
[3] οἱ Ἀθηναῖοι τὰς . . ἐπιστολὰς μεταγραψάμενοι ἐκ τῶν Ἀσσυρίων γραμμάτων ἀνέγνωσαν. IV, 50, 2.
[4] ‚Ideen I, S. 609'; auch dies wie so vieles Andere von Krüger bemerkt.

aus Keilschrift in griechische Buchstaben ins Auge gefasst zu haben; denn mit der dem Griechischen, namentlich in der Flexion so nahe verwandten persischen Umgangssprache werden viele Athener, namentlich Kaufleute, ohnehin bekannt gewesen sein. Die Regierung aber des attischen Staates hatte seit dem Jahre 506, da derselbe durch eine Botschaft dem Perserkönige förmliche der der vertriebenen Peisistratiden entsprechende Huldigung leistete,[1] vollends aber seit nach Kimon's Tode eine mindestens thatsächliche Waffenruhe und Verkehrsfreiheit eingetreten war, oft genug Gelegenheit gehabt, die am persischen Hofe üblichen Formen der Geschäftsbehandlung mit fremden Völkern kennen zu lernen. Dass dasselbe in Theben der Fall war, wo man ohnehin nur freundliche Erinnerungen an die Perserherrschaft von 480 und 479 hatte, und ebenso in Argos, dessen Truppen wenigstens niemals mit persischen das Schwert gekreuzt hatten, versteht sich von selbst, dürfte aber auch von einer so thätigen Handelsstadt wie Korinth gelten, deren gefeierter Feldherr Aristeus mit jenen peloponnesischen Gesandten von 430 ein so entsetzliches Ende gefunden hatte.[2]

Das erhalten gebliebene und auch uns vorliegende Material von Pausanias' Correspondenz mit dem persischen Hofe ist nun freilich nur ein kleiner Theil der beiderseits geschriebenen Schriftstücke, da die Ephoren aus den belauschten Aussagen des letzten von dem fürstlichen Hochverräther zunächst an den mit den Vollmachten des Königs ausgestatteten Statthalter des nordwestlichen Kleinasien, aber doch wohl auch an den königlichen Hof gesendeten Boten vernehmen konnten, dass sowohl er selbst, als zahlreiche andere inzwischen Umgebrachte vor ihm mit solchen Dienstleistungen betraut wurden.[3]

Schon Pausanias' erster, eben erhaltener Brief ist allem Anscheine nach persischer Gewohnheit entsprechend.[4] Sein Vertrauter, ein Bürger von Eretria, der ihn auch an Xerxes überbrachte, dürfte die vorliegende, der Sitte am königlichen Hofe genehme Form angerathen haben. Pausanias beginnt mit der discreten Ankündigung der Thatsache, dass er Xerxes die in Byzanz gefangenen wirklichen und die nur zu diesem Titel und Range erhobenen Verwandten zusende, welche sämmtlich übrigens Xerxes' Antwort nicht allzu achtungsvoll als „Männer" bezeichnet.[5] ‚Pausanias, Spartas Feldherr' (ἡγεμών), was doch auch mit einem „Regent" bedeutenden Worte im persischen wiedergegeben werden konnte, ‚sendet Dir zunächst diese zurück, da er Dir freundliche Gesinnung zu zeigen wünscht (σοὶ χαρίζεσθαι βουλόμενος), welche er mit der Lanze gewonnen hat (δορὶ ἑλών)'. Eben dieser, übrigens auch von den Athenern noch einmal bei Thukydides nach der Schlacht von Delion (IV, 95) gebrauchte Ausdruck erinnert doch an die in der Grabinschrift des Königs Darius I. vorkommende Fassung der persischen Eroberungskunst. Da liest man, dass ‚die Lanze des persischen Mannes weit reiche',[6] wie denn auch auf den Abbildungen besonders über der Behistan-Inschrift und an den Trümmern von Persepolis diese älteste und am schwersten mit Gewandtheit zu handhabende Waffe als vornehmstes kriegerisches Attribut auch der Leibwache erscheint. Der zweite Halbsatz

---

[1] Herodot V, 73.
[2] Vgl. oben S. 59.
[3] ὡς οὐδὲν πώποτε αὐτὸν ἐν ταῖς πρὸς βασιλέα διακονίαις παραβάλοιτο, προτιμηθείη δ᾽ ἐν ἴσῳ τοῖς πολλοῖς τῶν διακόνων ἀποθανεῖν κελεύσας (Πλυτανίου) αὐτὰ ταῦτα ξυνομολογοῦντος. I, 133.
[4] Der unten S. 65 näher besprochene Statthalterbrief bei Esra II, 6, 7 ff. (ἀντίγραφον ἐπιστολῆς) hat ein anderes, vielleicht für den innern Verkehr vorgeschriebenes Schema, auf welches freilich auch Gewohnheiten der seleukidischen Staatsordnung gewirkt haben können.
[5] βασιλέως προσήκοντάς τινας καὶ ξυγγενεῖς ἴδλωσεν ἐν αὐτῷ (Βυζαντίῳ) I, 128, 3. τῶν ἀνδρῶν οὓς μοι πέραν θαλάσσης ἐκ Βυζαντίου ἔπεμψας I, 129, 3 in Xerxes' Briefe.
[6] Persae viri lanceam longe progressam esse. Cajetan Kossowicz, Inscriptiones palaeo-persicae (Petropoli 1872), II, 80.

spricht ‚dann' (τε) die Absicht aus, wenn es Xerxes so beliebe, dessen Tochter zu heiraten und ihm Sparta und das übrige Hellas unterthänig zu machen. Die beiden folgenden Sätze besagen, Pausanias glaube im Einverständniss mit Xerxes dies bewirken zu können und sprechen, wenn dem Könige dies zusage, den Wunsch aus, er möge einen ‚zuverlässigen Mann' (ἄνδρα πιστόν) an das Meer senden, mit welchem das Weitere verabredet werden könne.

Für die Kanzleiformen in Xerxes' Antwort liegt nun kein ganz entsprechendes und was schlimmer ist: kein ganz zuverlässiges Muster vor. Von den inschriftlichen, in einer Art Proclamationsstil gehaltenen Denkmalen[1] muss man ganz absehen. Herodot mangelte das Interesse für solche Urkunden. In Ktesias' Fragmenten liegt mindestens nichts für unsern Zweck Brauchbares vor. So ist man auf die vier Bücher des alten Testamentes angewiesen, welche sich eingehend mit persischen Angelegenheiten beschäftigen; von dem vierten, in eine Berührung des persischen Reiches auslaufenden aus dem Jahre 167 v. Chr., dem sogenannten Buche Daniel, darf man freilich nur vorsichtigen Gebrauch machen. Aber auch von den drei anderen Schriften ist das ehedem wohl am liebsten herbeigezogene, das späte Estherbuch, mit so viel guter Kunde und so vieler, das Ganze durchziehender phantastischer Erfindung durchsetzt, dass ich es lieber hier nur einmal für Fragen berücksichtigen kann, für welche nur präcise Antworten brauchbar sind.[2] So bleiben nur die Bücher Esra und Nehemia übrig, allenfalls mit dem Schlusse des zweiten Chronikbuches.

Bei jenen beiden angeblich zeitgenössischen, doch wohl nur in Redactionen des dritten Jahrhunderts auf uns gekommenen Erzählern der Herstellung eines jüdischen Provincialstaates ist doch nicht so viel Authentisches für unsern Zweck zu finden, als man erwarten sollte. Aus Cyrus' Weisung in Esra 1, 2, 3 bis 7[3] dann 6, 6 bis 12 ist der kanzleimässige noch zu besprechende Briefanfang vielleicht auch einfach in das Ende des Chronikbuches um 200 v. Chr. übergegangen. Die Authenticität des Wortlautes dieses königlichen Befehles ist im Uebrigen nicht unbedenklich. Wenn nicht unter seleukidischen Kanzleibegriffen entstanden, wäre die Vorstellung des syrophönikischen Statthalters und seiner Mitbefehliger an den König (I, 6, 7 ff.) für die vorschriftsmässige Berichterstattungsformel an den König schon wichtiger. Nehemia allein wäre dem Anscheine nach[4] in der Lage gewesen, über diese Kanzleifragen authentischen Aufschluss zu geben und volle Actenstücke mitzutheilen; aber es mag ihm wie seinem Zeitgenossen Herodot der Sinn für derartige präcise Dinge abgegangen sein.

Bei unserm Autor geht dem Königsbriefe an Pausanias eine das Sachverhältniss erläuternde Einleitung voraus, welche nach meiner Ansicht auf die in Thrakien verbreitete authentische Kunde von den für die dortigen Bevölkerungen in so vieler Hinsicht wichtigen Wechsel in den Persönlichkeiten der Statthalter über die nächstgelegene persische Provinz, die daskyleïsche Satrapie, zurückzuführen ist. Es war überdies gerade die Ernennung des durch die Rettung eines erheblichen Restes des persischen Heeres von Plataä nach Thrakien rühmlich bekannten Feldherrn Artabazos zu dieser Satrapie ein Ereigniss, welches nicht

---

[1] Ueber den Charakter derselben habe ich mich zuletzt in der Wiener Zeitschrift für die Kunde des Morgenlandes 1888 ‚zur persischen Geschichte' geäussert (II, 49 ff.), wo auch meine früheren hieher gehörigen Untersuchungen aus diesem Gebiete citirt sind, speciell die über Xenophon's Wichtigkeit namentlich auch in der Cyropädie für echte medisch-persische Tradition vom ‚Ausgange des medischen Reiches' und ‚Krösus' Sturze' in unseren akad. Sitzungsberichten Bd. 92, 96 und 97.
[2] Im Uebrigen käme Esther Kapitel 7, Vers 1 für die Formel des Beginnes feierlicher Urkunden noch in Betracht.
[3] Ich folge der Zählung der Siebzig nach Tischendorf's fünfter Auflage des griechischen Alten Testamentes 1875.
[4] Wenn nämlich Kapitel 2, Vers 7 bis 9 der Wahrheit entsprechen.

leicht vergessen werden konnte, vollends da man, wenn nicht früher, so doch nach Pausanias' Untergange auch dort erfahren musste, dass der neue Vicekönig zu den Unterhandlungen mit dem frühern Hellenenfeldherrn von Plataea unbedingt bevollmächtigt war, auch zu diesem Zwecke das Attribut des königlichen Siegelringes erhalten hatte.

Die Ueberschrift des auffallender Weise ganz undatirten, aber ungemein lehrreichen Briefes (I, 129, 3): ‚so spricht König Xerxes zu Pausanias' hat biblischen Beleg.[1] Immerhin ist auffallend, dass der Königstitel auf dieses éine Wort reducirt erscheint. Die Gliederung des Inhaltes ist dann die, dass der königliche Entschluss an das Ende gestellt ist. Derselbe geht hier dahin, Pausanias solle muthig vollbringen (πράσσε θαρσῶν), was des Königs und seinem eigenen Interesse (καὶ τὰ ἐμὰ καὶ τὰ σὰ) irgend formell und sachlich am meisten entspreche (ὅπῃ κάλλιστα καὶ ἄριστα ἕξει ἀμφοτέροις). Voran gehen die befohlenen Mittel der Ausführung; hier steht an erster Stelle die erwartete eigene Anstrengung des Adressaten. ‚Nachts und Tags soll er nicht ablassen,' bis er sein Versprechen erfüllt hat; es folgt die königliche Gegenleistung von zweierlei Art: einerseits wird ihm Aufwand an Gold und Silber und Heeresmenge ohne Begrenzung zur Verfügung gestellt (μηδὲ χρυσοῦ καὶ ἀργύρου δαπάνῃ κεκωλύσθω μηδὲ στρατιᾶς πλήθει); andererseits wird er an ‚den guten Mann Artabazos, welchen ich Dir gesendet habe' gewiesen. Der erste, diesen befohlenen Mitteln der Ausführung wieder voranstehende Theil enthält die Begründung des königlichen Willens: einerseits durch die Rettung der aus Byzanz gesendeten Männer, welche ‚Wohlthat (εὐεργεσία) Dir für immer in unserm Hause aufgezeichnet verbleibt' (κείται . . . ἐσαεὶ ἀνάγραπτος)[2]; andererseits ist es das königliche ‚Wohlgefallen über Pausanias' an ihn gerichtete Worte (καὶ τοῖς λόγοις τοῖς ἀπὸ σοῦ ἀρέσκομαι).

Die eine und andere Wendung dieses Briefes wird nach einer, einem Kenner des Westarischen vermuthlich nicht eben schwierigen Retroversion in Xerxes' heimatliche Sprache sich noch besser gegliedert und vielleicht auch verständlicher darstellen, als in dieser Redaction aus des Königs griechischer Kanzlei für Jonien oder gar nachträglicher Uebersetzung. Aber man sieht leicht, dass ein festes Schema für die Ausfertigung so gut wie in mittelalterlichen Urkunden vorliegt.

c) Themistokles' Correspondenz.

Aus Themistokles' im nächsten Paragraphen noch zu besprechendem Nachlasse liegt kein königlicher Brief vor, wenn auch unser Autor zweimal den Empfang von königlichen Willensmeinungen meldet. Er sagt (I, 138, 1), Artaxerxes solle sich über die Absicht gewundert haben, welche Themistokles brieflich gegen ihn aussprach. Der Brief wird uns (I. 137) vorgelegt. Der Schreiber hat fast mehr als Pausanias in dem oben S. 64 besprochenen Briefe das eben von uns betrachtete Schema des Königsbriefes eingehalten; er führt seine kriegerische Action gegen und seine Wohlthat (εὐεργεσία) für Xerxes durch die doppelte

---

[1] Esra 1, 2, 3 und 4: Τάδε λέγει ὁ βασιλεὺς Περσῶν Κῦρος (I, 581, Tischend.) Paralip. II, 36, 23: Τάδε λέγει Κῦρος βασιλεὺς πάσης βασιλείας (sic!) τῆς γῆς.

[2] Ktesias, trotz seiner Archivstudien, kommt hier nicht in Betracht. Esther 6, 1 (Tischendorf I, 674): In schlafloser Nacht sagte der König τῷ διακόνῳ αὐτοῦ εἰσφέρειν γράμματα μνημόσυνα τῶν ἡμερῶν ἀναγιγνώσκειν αὐτῷ. εὗρε δὲ τὰ γράμματα τὰ γραφέντα περὶ Μαρδοχαίου. Nach Esra II, 6, 1, p. 693 ist ein solches Archiv im Schatzhause zu Babylon, was ‚die neuentdeckten Inschriften' über Cyrus (akad. Sitzungsberichte 97, 122) kaum bestätigen. Βασιλικὰ βιβλιοφυλάκια werden bei Esra und Nehemia wiederholt erwähnt; einmal (Esra I. 6, 22) befiehlt Darius Nachforschung in denen von Babylon καὶ εὑρέθη ἐν Ἐκβατάνοις.

Warnung vor Salamis und wegen der Hellespontbrücken an, behauptet, wegen dieses Liebesbeweises (διὰ τὴν σὴν φιλίαν) von den Hellenen verfolgt zu werden und schliesst mit der Erklärung (βούλομαι), nach einem Jahre dem Könige persönlich über seine Absichten Vortrag zu halten (αὐτός σοι περὶ ὧν ἥκω δηλῶσαι). Als Antwort des Königs wird doch wörtlich mitgetheilt: ‚er befahl, es so zu halten', d. h. nach einem Jahre vor ihm zum Vortrage zu erscheinen. Dann wird von der ihm gewordenen Städteschenkung gesprochen (I, 138, 6), von der Magnesia, wo sein Denkmal stand, seinem Hause verblieb, Lampsakos und Myus[1] aber nur als Anspruch nach Bezwingung der Athener, denen beide Tribut leisteten. Ob ein Brief oder eine Urkunde über die Schenkung vorhanden war, ist nicht gesagt, aber wahrscheinlich; die Einzelheiten bekannt werden zu lassen, mag dem Interesse der Familie widerstrebt haben.

d) Die persischen Verträge bei Thukydides.

Die drei von den Spartanern mit dem Satrapen von Lydien als Bevollmächtigten des Perserkönigs im Jahre 412 und etwa im Februar 411 geschlossenen Verträge haben eine so eingehende und in allem Wesentlichen durchaus erschöpfende Prüfung erfahren,[2] dass ich nur auf die Ergebnisse dieser Forschung verweisen kann. Unser Autor ist diesem von Alkibiades mitgetheilten Materiale wie den erklärenden Berichten desselben mit sichtlich grosser Theilnahme, wenn auch nicht mit so heiter sichtender Hand gefolgt, wie bei früheren und späteren von demselben Genossen gespendeten Materiale. Wenn ich mich nicht täusche, macht sich gerade in dem Theile der hier freilich nur halb vollendeten Darstellung, welche diese drei Verträge (VIII, 18, 37 und 58) enthält, nicht ganz die Frische und die volle Theilnahme an dem Gegenstande geltend, welche uns sonst in ihre Kreise zieht. Ich denke, dass sich hieraus eine Unterlassung erklärt, für welche sich in dem ganzen Werke keine Analogie bietet.

Eine ‚durchweg vergleichende Betrachtung' der drei Verträge hat das so überraschende als überzeugende Resultat gebracht, dass sie alle nach einer feststehenden Formel gearbeitet sind. Eben durch die glücklichen Ergebnisse einer überaus sorgfältigen Vergleichung hat sich gezeigt, dass der zweite dieser Verträge zwar ‚eine Umarbeitung und Neuredaction des ersten, aber doch nach gleicher, der dritte mit ‚einer mehr dem Kanzleistile sich annähernden Fassung' nur nach einer ähnlichen gearbeitet ist.'[3] Zieht man zu dieser gewonnenen Thatsache, dass wir in Pausanias' und Themistokles' Correspondenz für Briefe des Königs und an denselben ebenfalls feststehende Formeln verfolgen konnten, so wird die Schlussfolgerung gestattet sein, dass sich am persischen Hofe ähnliche, wenn auch wohl auf andern Schreibstoff geschriebene Sammlungen für das Kanzleibedürfniss vorfanden, wie wir sie in mittelalterlichen Formelbüchern und nunmehr vor Allem in dem am päpstlichen Hofe des siebenten und achten Jahrhunderts entstandenen Liber diurnus besitzen.

In welche ihrer Kategorien von Vertragsschlüssen sie diese drei Abkommen mit den Persern setzen sollten, scheint den Spartanern, Alkibiades und unserm Autor gleichmässig

---

[1] Lampsakos nach Thuk. VIII, 61, 2 im Frühjahr 411 von Athen abgefallen, erscheint notorisch mindestens zweimal in den Tributlisten von 436,5 und von etwa 409 bis 405 (Dittenberger Sylloge 17, 31 und 21, 4 = I, 39 und 45). Zur Steuer angehalten, wird Myûs in Karien bei Thuk. III, 19, 2.
[2] A. Kirchhoff a. a. O. 404, 406, dann 400, 399, 405, 413, 407, 408, 412.
[3] A. Kirchhoff, Schlussabhandlung von 1884 Berliner Akademische Sitzungsberichte, S. 399 bis 416 mit einer das den Urkunden zu Grunde liegende Formular illustrirenden Beilage.

zweifelhaft gewesen zu sein. Das erste Abkommen wird zuerst (VIII, 17 und 19) als Abschluss einer Bundesgenossenschaft (ξυμμαχία) bezeichnet; vor Abschluss des zweiten den Persern so viel weniger günstigen Abkommens, in welchem die ‚Zweideutigkeit der frühern Formulirung beseitigt' ist, heisst das erste: Vertrag (ξυνθῆκαι) schlechthin (VIII, 36); dann aber (VIII, 43, 3) werden beide erste Abkommen doch als gleichmässig religiös bindende Abschlüsse (σπονδαί VIII, 43, 3) erwogen.

In der uns über Entstehung und Wirkung des ersten Abkommens gegebenen Darstellung ist aber mit Recht eine Lücke bemerkt worden. Durch dasselbe wurden auch die Chier und Erythräer im Gegensatze zu dem Namens des spartanischen Staates (VIII, 6) geschlossenen Bundes von demselben den Persern preisgegeben. Es ist auch gewiss richtig geltend gemacht worden, es habe dieser Vertrag ‚während der kurzen Dauer seiner Giltigkeit geheim gehalten werden müssen', ich denke aber: schon um nicht in ganz Hellas grösste Entrüstung über den ersten Artikel zu erregen, welcher durchaus unzweideutig Alles, nicht nur was der König jetzt inne hat, sondern auch was ‚die Vorfahren des Königs' (οἱ πατέρες οἱ βασιλέως) an Land und Gemeinwesen (ὁπόσην χώραν καὶ πόλιν) besassen (εἶχον) garantirt wird. Immerhin enthielt das persisch-spartanische Waffenbündniss einen Bruch der Chios und Erythrae gegebenen Zusagen. Es ist eine Lücke, dass dies nicht hervorgehoben wird und nur ein schwacher Ersatz derselben, dass unmittelbar nach dieser inserirten ersten Bündnissurkunde gemeldet wird, wie eine chiotische Flottenabtheilung ausfuhr, um ‚über das in Milet Geschehene (περὶ τῶν ἐν Μιλήτῳ VIII, 19, 1) etwas' zu erfahren und die Städte zum Abfalle zu bringen'. Das kann ja freilich nicht blos bedeuten, dass sie sich über den eben geschehenen Abfall Milets Sicherheit verschaffen wollte, sondern auch über die dort oder in Magnesia stattgehabten Verhandlungen mit dem Satrapen in Kenntniss gelangen. Aber es ist, selbst wenn dies gemeint sein sollte, doch nur ein durchaus unzureichender Ersatz für die pflichtmässige Aufklärung des Lesers über den geschehenen Vertragsbruch. Auch lässt sich diese Lücke nicht mit den sehr unschuldigen vergleichen, welche wir bei den thrakischen Geschichten (S. 52) constatirt haben. Ich vermuthe aber, wie oben bemerkt wurde, dass eben dieses Stück der Composition in einem Zustande nachlassender Energie des Autors geschrieben und nicht umgearbeitet worden ist.

Aus keinem andern, als diesem ganz persönlichen, fast pathologischen in jedem mir bekannt gewordenen Geschichtswerke, und bei Geringeren nur gar zu oft, zu beobachtenden Umstande erkläre ich eine andere Thatsache, in welcher von ‚ein Beweis für die mitunter allerdings verhängnissvolle Vorsicht' gesehen worden ist, welche Thukydides ‚gegenüber verschiedenen von ihm benutzten Quellen' beobachtet habe. Es handelt sich um Astyochos' und der ihm beigegebenen spartanischen Elfercommission Reise auf die Mäanderebene zu Tissaphernes bei Gelegenheit des dritten Vertrages, welcher nicht gleich den beiden ersten, blos zu provisorischer Geltung gelangten und in Sparta nie bestätigten ‚im spartanischen Staatsarchiv in einem officiellen Exemplare' niedergelegt worden ist. Auch glaube ich bemerken zu sollen, dass eine solche Unterlassung, welche ‚Lesern' die Anwesenheit jener zwölf Spartaner ‚zu schliessen überlässt', keineswegs bei unserm Geschichtschreiber gewöhnlich ist.

Wieder anders dürfte es mit einer weitern Unterlassung sich verhalten, welche in Bezug auf diese dritte und entscheidende Bündnissurkunde stattgefunden hat. Nur in ihr wird von der Anwesenheit des mit Tissaphernes rivalisirenden daskylëischen Satrapen Pharnabazos und eines sonst nur bei Xenophon (Hellenika II, 1, 9) genannten Hierameues gesprochen. Es war aber in der That nicht eben dringend, sie weiter zu erwähnen, da

‚Tissaphernes es durchzusetzen wusste dass ihre' und speciell Pharnabazos' ‚von den Spartanern verlangte Zuziehung eine reine Formalität blieb'. Man darf annehmen, dass dieses Umstandes später von unserm Autor gedacht worden sein würde, wenn Pharnabazos, wie bei der Schlacht von Kyzikos, in die erste Linie trat; aber das Werk bricht auch für diese Darlegungen vorzeitig[1] ab.

e) Alkibiades' Berichterstattung.

‚Da die Urkunden sämmtlich in attischer Mundart abgefasst sind' und unser Autor ‚nachträgliche Umsetzung scheut', wie die peloponnesischen ‚im fünften Buche beweisen', so ist, da Alkibiades zuverlässig mindestens bei beiden ersten Abkommen an dem Protokolle oder besser dem Concepte betheiligt war, die logische Schlussfolgerung gezogen worden,[2] dass ‚kein anderer Athener als Alkibiades für Thukydides der Vermittler geworden sei'. Denn die beiläufig geltend gemachte Möglichkeit, dass die Urkunden ‚nach dessen Rückkehr nach Athen im Sommer 408 auch in weiteren Kreisen bekannt geworden sein können', widerstreitet doch zu sehr Alkibiades' Interesse und seinem Grundsatze Freunden gegebene Zusagen zu halten, den wir früher (S. 63) kennen gelernt haben.

Ich kann aber an dieser Stelle doch nicht unbemerkt lassen, dass eben der Forscher, welcher wiederholt und namentlich in seinem ‚Gesammtresultate' ‚über die von Thukydides benutzten Urkunden' der Ansicht Ausdruck gegeben hat,[3] die Benutzung des von Alkibiades gesammelten Materiales durch den Geschichtschreiber habe erst nach dem Ende des Krieges und in Athen stattgefunden, doch im Laufe seiner Untersuchungen eine andere Möglichkeit in das Auge gefasst hat. Er nimmt sie zu äussern die Gelegenheit wahr, da er ‚die Friedenspropositionen der Lakedämonier an Argos (V, 77) vom October 418 und den gleich danach abgeschlossenen Friedens- und Bündnissvertrag (V, 79)[4] mit Aufbietung aller sachlichen und sprachlichen, namentlich mundartlichen Mittel in abschliessender Gründlichkeit behalte. Da bemerkt er, dass ‚ein Mann wie Alkibiades durch seine persönliche Theilnahme an den Ereignissen, die sich in Argos vollzogen, und seine fortdauernden Beziehungen zu den Führern der demokratischen Partei daselbst in den Stand gesetzt war, Urkunden dieser Art mit Leichtigkeit zu erhalten'. Er erklärt es für ‚geradezu unbegreiflich, wenn von athenischer Seite von den sich darbietenden Gelegenheiten dieser Art kein Gebrauch gemacht worden wäre'. Er schliesst dann: ‚unter diesen Umständen besteht die Möglichkeit dass Thukydides seine Abschriften früher oder später sei es über oder zu Athen selbst erhalten hat.' Der Leser weiss, welche Alternative sich im Laufe der vorliegenden Untersuchung als die zutreffende ergeben hat.

§ 3. Antiquarische Sammlung.

a) Alkibiades' Muster.

Wir haben früher[5] gesehen, wie Sokrates' weitgereister, in spartanischem, persischem und athenischem Dienste in hervorragender Stellung wirksam ‚gewordener Schüler das

---

[1] Was VIII, 80 von Klearchos' Sendung zu Pharnabazos und dessen Actionsbeginn erzählt wird, konnte eine spätere Ausführung einleiten.
[2] Kirchhoff a. a. O. 410 bis 412.
[3] Vgl. im ersten Theile S. 7 und 10.
[4] Kirchhoff a. a. O., dritte Abhandlung 1883, S. 861 und 868.
[5] Vgl. oben § 2, Nr. b, S. 62.

von dem Lehrer überkommene wissenschaftliche Erfragen auf seinem Gebiete als politisch-historische Forschung zu verwerthen wusste, als er allem Anscheine nach die Pausanias betreffenden Acten und Nachrichten sammelte. Wie wir eben gesehen haben, dürften die Abschriften der beiden argivischen Vertragsinstrumente auf ihn zurückgehen und wurde die überzeugend für ihn nachgewiesene Provenienz der drei in Kleinasien geschlossenen Verträge in dem Werke unsres Autors ebenfalls erwähnt. Die Möglichkeit, ja Wahrscheinlichkeit, dass er an Tissaphernes' Seite in Magnesia von Themistokles' dort in fürstlichem Stande lebender Familie die Acten und Nachrichten empfing, welche uns bei unsrem Autor ebenfalls begegnet sind, wird sich nicht in Abrede stellen lassen.

Um so grösseres Interesse gewinnen nun für uns die ähnlichen Bemühungen unsres Geschichtschreibers selbst.

b) Der antiquarische Charakter von Thukydides' Excursen.

An einer Reihe von Beispielen ist uns die für eine dürrere Auffassung historiographischer Freiheit befremdliche Thatsache entgegengetreten, dass unser Autor wenig Bedenken trägt, den Zusammenhang seiner Darstellung zu durchbrechen. Es geschieht im sechsten Buche, um nach Antiochus von Syrakus sicilische Vorgeschichten zu erzählen, im zweiten: um Natur und Wirkung der Pest, im ersten: um die Gründung der attischen Symmachie, ein andermal wieder ebendort locker an diese Digression angeschlossen: um die volle Pentekontaëtie vorzuführen, früher als Beides auf den Anlass des Wortes ‚Religionsfrevel': um die kylonische Bewegung, Pausanias' und Themistokles' Katastrophe, wenn auch vermuthlich nur vorläufig in eben dies jetzige erste Buch einzulegen; in dem sogenannten dritten Buche erscheint bei Gelegenheit einer sacralen Reinigung von Delos um eine Untersuchung über Nachrichten und Persönlichkeit Homers anzuknüpfen; im zweiten bringt er bei Perikles' Ausgang eine Uebersicht über die Fehler atheniensischer Staatsleitung bis 404; sein frühester Excurs dürfte der über die Vorgeschichte Attika's sein.[1]

Sonst wägt er in seiner Oekonomie sehr genau ab. Die Abschnitte werden möglichst ähnlich auch in ihrer Ausdehnung gestaltet; grosse principielle Fragen werden in den, pünktlichst nach der Kunstregel, ob auch mit diplomatisch möglichst echtem Materiale geformten Reden vorgelegt. Es sind gleichsam Excesse, dass er sich hie und da Verdeutlichung der beiderseitigen Empfindungen, wie zwischen Spartanern und Platäern (II, 71 bis 75) ein Gespräch erlaubt: nach dem mimischen Meisterwerke des melischen Dialoges hat er sich nie mehr Aehnliches gestattet.

Man sieht immer, auf welches historische Gebiet ihn sein gewissenhaftes historisches Denken führt. Er zwingt den Leser, ihm zu folgen und wäre es, wie wir ja auch gesehen haben,[2] um bei dem Zuge eines Thrakerkönigs über die Eigenart und Bedeutung der Skythen zu belehren.

Wir haben seine, republikanischen und vollends demokratischen Staatseinrichtungen wenig geneigte Sinnesart kennen gelernt.[3] Es kann uns nicht Wunder nehmen, bei gegebenem Anlasse von einem wenn auch nur angemassten monarchischen Titel über Griechenland und bei unerwarteter Gelegenheit den Preis der Monarchie auch für Attika von ihm zu hören.

---

[1] II, 15. Vgl. oben S. 35.
[2] Oben S. 35 und 58.
[3] Oben S. 32, 39 fg.

c) Pausanias' Inschrift.

Nach der früher (S. 20 und 5) erörterten Absicht des Geschichtschreibers, bei gegebenem Anlasse, wie (II, 48) bei dem Auftreten der Pest, für bleibende und begründete Belehrung des Lesers Sorge zu tragen, hat er wohl selbständig und zuerst die Ueberzeugung von der, jetzt jedem Anfänger des historischen Studiums geläufigen Nothwendigkeit gefasst, durch sorgfältig gewählte Quellenbelege seine Darstellung zu begründen. Erst in dem Stadium der Arbeit, welche ich als den Beginn des zweiten Haupttheiles zu bezeichnen gewagt habe (S. 2) bringt er Urkunden in vollem Wortlaute.

Kleinere Stücke rein urkundlichen Werthes, — von Reden, Finanz-, Kriegs- und Verwaltungsnachrichten abgesehen, — bringt er in den jetzigen vier ersten Büchern vor jener, den zweiten Theil beginnenden Urkunde am Schlusse des vierten, durchaus nur in den erwähnten Excursen. Es ist kein grösserer unter denselben, welcher nicht in oder nach der Zeit, da auch Alkibiades in Thrakien weilte geschrieben sein muss oder kann.

Die erste rein inschriftliche Bemerkung, welche uns begegnet, findet sich im Pausaniasexcurse. Sie bringt den Wortlaut des ursprünglichen Distichon an jenem Dreifusse, welchen die Hellenen dem delphischen Gotte nach dem Persersiege widmeten. Pausanias bezeichnet sich hier[1] mit einem auch den Regenten bezeichnenden Worte (ἀρχηγός) als den ‚Oberanführer der Hellenen, welcher das Heer der Meder vernichtete'. Unser Autor fügt hinzu, dass die Spartaner ‚sogleich damals' (εὐθὺς τότε) die Inschrift auskratzten und die, grossentheils noch heute erhaltene, mit den Namen der siegenden Staaten an die Stelle setzten. Von der ursprünglichen, auf Pausanias' Befehl eingeschriebenen scheint an dem Dreifusse auf dem Atmeidan nichts mehr erkennbar zu sein.

d) Die Peisistratidengeschichte.

Die nach unsern Auffassungen keineswegs geeignete Gelegenheit, da die innere Zerrüttung des atheniensischen Staates während der sicilischen Unternehmung durch den Mysterien- und Hermenfrevel zu Tage trat — diese wilde Episode, welche ein geringerer Künstler zu dramatischer Spannung des Lesers benutzt hätte — ergreift Thukydides nicht so eigentlich, um von dem peisistratidischen Ursprunge dieser quasisacralen Wegzeiger zu sprechen. Im Gegensatze zu den widrigen Parteiströmungen des demokratischen Staates, welcher dessen, mindestens nach des Geschichtschreibers wie des grossen Komöden Meinung geeignetsten Staatsmann und Feldherrn in ihrem Strudel verschwinden lassen, bringt er uns vielmehr das Bild des ruhig und glücklich regierten attischen Staates unter den Peisistratiden.[2]

Er geht nun von der Besorgniss aus, welche das atheniensische Volk ob jener beiden unaufgeklärten Frevel empfunden, und wie es nun Alles mit Verdacht aufgenommen habe. ‚Durch Tradition (ἀκοή) wusste dasselbe, dass Peisistratos' und seiner Kinder Tyrannei zuletzt schwer gewesen und überdies nicht von den Athenern und Harmodios, sondern von den Lakedämoniern beseitigt worden sei.' Nun erklärt er formell und wieder einmal mit Missachtung Herodot's, er wolle von Aristogeiton's und Harmodios' Wagniss eingehend sprechen, ‚weil weder die Anderen noch auch die Athener über ihre Tyrannen und auch nicht über das

---

[1] I, 132, vgl. oben S. 64 und 21, dazu im ersten Theile S. 15.
[2] VI, 53, ἐπιστάμενοι γὰρ bis 59 am Ende: μετὰ Μήδων ἐστράτευσεν.

Ereigniss irgend Genaues sagen.' Es folgt die für uns uncontrolierbare, nach dem uns aber bekannten Charakter des Autors auf einer besonders zuverlässigen Quelle ruhende Erzählung von dem Liebeshandel jener Beiden mit Hipparchos, der Harmodios beschimpfen wollte, während Aristogeiton auf den Sturz der Tyrannis sann. Genannt wird uns freilich später bei der Frage nach irrig angenommener Mitregierung Hipparch's als Quelle auch nur eine wenigleich besonders gute Tradition.¹

Wie sehr sich Thukydides im Uebrigen um genaue Feststellung des Thatbestandes bemüht hat, zeigt, dass er zwei Inschriften zum Beweise seiner Darlegungen mittheilt. Die eine bringt er als Zeugniss der Fortexistenz verfassungsmässiger Aemter, da sie Hippias' Sohn Peisistratos als Archon in einem Weihedistichon nennt;² es ist dasselbe zwar nach der heutigen Kunde alter Schriftzüge keineswegs nach des Geschichtschreiber oder seines Gewährsmannes Worten mit unleserlichen (ἀμυδροῖς) Buchstaben, sondern in ganz gut attischer Schrift des sechsten Jahrhunderts geschrieben, aber doch tadellos in unserm Werke wiedergegeben. Die andere Inschrift wird zum Beweise dafür beigebracht, dass Hippias nach Bestrafung der Verschworenen und Einführung eines schärfern (χαλεπωτέρα) Regimentes, unter welchem er viele Bürger aus Angst (διὰ φόβον) tödtete, sich nun auswärtige Stütze zu seiner Sicherheit umgesehen habe; dies gehe aus beiden Distichen des Grabdenkmales von Hippias' Tochter hervor, welche mit Aiantides, dem Sohne des gleich seinem Vater bei König Darius vielvermögenden Tyrannen von Lampsakos, vermählt war.

Gerade bei Gelegenheit jener von Hippias', des regierenden Herrn, Bruder Hipparchos beabsichtigten Beschimpfung berühmt er (VI, 54, 5) die Peisistratidenherrschaft. Hipparch selbst habe sich im Uebrigen tadellos gehalten. „Diese bewährten sich als Tyrannen am längsten in Tüchtigkeit (ἀρετῇ) und Verständigkeit, hoben nur das Zwanzigstel vom Ertrage ein, schmückten die Stadt schön aus, führten die Kriege zum Ziele und brachten die Opfer in den Tempeln. Im Uebrigen bewahrte der Staat seine vorhandene Verfassung, nur dass sie immer dafür Sorge trugen, dass einer von ihnen selbst in den oberen Beamtungen (ἀρχαῖς) war.

Der Excurs schliesst damit, dass Hippias nach seinem Sturze durch Spartaner und exilirte Alkmaioniden vertragsgemäss nach Sigeion und zu Aiantides nach Lampsakos, von dort aber zu dem Könige Darius ging, von wo er auch im zwanzigsten Jahre ins Feld rückte (ὁρμώμενος) und nach Marathon mit dem Perserheere zog. Ueber Hippias' Misslingen bei diesem Unternehmen gibt unser Autor kein Urtheil ab.

Schluss.

Es hat Thukydides' antiquarische Sammlung zu dem attischen Herrscherhause geführt, welches auch so wesentlich zur Gestaltung und vielleicht zum Abschlusse jener homerischen Poësie beigetragen hat, von der diese Untersuchung ihren Ausgang nahm. Meinerseits habe ich die freie Durchdringung des keuschen Geistes dieses Geschichtschreibers mit den Schöpfungen der Poësie und seine, den von ihm vorzuführenden Menschen, Begebenheiten und Urkunden gegenüber heitere, sachliche und nach einfachen Kunstgesetzen verfahrende historiographische Arbeitsweise zu erkennen und darzustellen gesucht.

---

¹ εἰδώς καὶ ἀκοῇ ἀκριβέστερον ἄλλων ἰσχυρίζομαι. VI, 55, 1.
² VI, 54 am Ende. Die Geschichte der Wiederentdeckung der Inschrift in der athenjensischen Ἐφημερίς vom 7. Mai 1877.

Verbesserungen.

Im ersten Theile ist Seite 19 Zeile 2 von unten des Textes nicht Thukydides' II., sondern VI. Buch gemeint.

Im zweiten Theile:

Seite 6 hat das Citat aus William Hartpole Lecky, A history of England in the eighteenth century, zu lauten: III (erschien 1882) 313 (nicht aber VI, 313), wo Anmerkung 2 von dem Verfasser der einzige in einem englischen Colonialstaate nachweisliche Vorbehalt der Besteuerung durch das Parlament aus dem Grundgesetze von Pennsylvanien gebracht wird.

Seite 15 Anmerkung 2 ist das auf eine irrige Mittheilung hin geschriebene Elogium zu tilgen, welches nunmehr nach dem Sprüchworte als langer Lebenspass dienen möge.

Zu Seite 24 Zeile 32 glaube ich hier das folgende Beispiel anführen zu sollen. Am 26. November 1566 schrieb König Philipp II. von Spanien an den Papst Pius V. durch seinen Botschafter nach einer von Gachard, Don Carlos et Philippe II. im Jahre 1863 (II, 375) mitgetheilten Depesche des spanischen Staatsarchives Folgendes: Suplico á Su Santidad, para venir al fin de las cosas, quiera usar de los medios convinientes, porque, quando no lo fueren, aun en las cosas que. Su Santidad quisiere y fueren muy hazederas, (es sind gemeint: die sofortige Abreise des Königs nach den Niederlanden und die unmittelbare Freilassung des wegen Verdachtes der Häresie in Haft genommenen Erzbischofes von Toledo) podria ser occasion de no salirse con lo que se pretende. Papst Pius V. hat die spanische Drohung besser zu würdigen gewusst, als die Athener die korinthische.

Seite 43 Anmerkung 2, Seite 44 Anmerkung 1 und 2, Seite 56 Anmerkung 1 erhalten die von Thukydides genau wiedergegebenen urkundlichen Worte ganz neuerlich (1890) von G. Busolt eine erwünschte Vervollständigung durch den Nachweis wörtlicher Benutzung der Schatzmeisterurkunde aus dem Jahre 427/6 (Hermes XXV, 567 bis 580), wie denn der Ausdruck περὶ Πελοπόννησον bei unsrem Geschichtschreiber (III, 91), an sich etwas seltsam unbestimmt, jetzt durch die nachgewiesene Herübernahme aus der Urkunde (S. 575 Anm.) seine einfache Erklärung oder Entschuldigung gefunden hat.

Seite 54 Zeile 15 habe ich die inschriftlich bezeugten Ἑλλησποντοφύλακες in der üblichen Trennung des sonst nicht nachweislichen Wortes in zweien wiedergegeben. Für die Frage, ob Menschen oder Schiffe zunächst gemeint sind, kommen mit Xenophon Hellenika I, 1, 36 besonders die Stellen bei Thukydides VIII, 62 und daneben 80, 102 und 107 in Betracht; doch muss ich die Entscheidung Anderen überlassen.

Verzeichniss
der besprochenen Stellen griechischer Schriftsteller.

(I und II bezeichnen die beiden Theile der Untersuchung, die kleinen arabischen Ziffern gelten den Anmerkungen.)

Aeschylus ed. Wecklein:
Agamemnon
1075 . . . . . . I 46 [1]
Perser
42 . . . . I 42
722 . . . . . . I 42 [1]
Prometheus
3—5 . . . . . . I 41 [4]
276 . . . . . . I 47 [6]
Schutzflehende
406 . . . . . . I 43 [1]
679 . . . . . . I 43 [3]
1174 . . . . . . I 46 [1]

Aristophanes ed. Bergk:
Acharner
583 . . . . . . I 5 [4]
755 . . . . . . I 6 [3]
Frieden
435 . . . . . . I 6 [4]
Frösche
601 . . . . . . I 27 [3]
686—689 . . . I 30 [7]
689—691 . . . I 31 [1]
1431 . . . . . . I 12
Lysistrate
58—63 . . . . I 25 [4]
59 . . . . I 26 [1]
153 . . . . . . I 27 [3]
185 . . . . . . I 24 [7]
Reichthum (Plutos)
182 . . . . . . I 27 [3]
838 . . . . . . I 27 [3]
889 . . . . . . I 27 [3]

Ritter
191—193 . . . I 16 [1]
387—390 . . . I 20 [1]
580—610 . . . I 15 [5]
1111—1120 . . I 18 [5]
1111—1151 . . I 17
1112—1330 . . I 9 [2]
1112 . . . . . . I 9 [3]
1330 . . . . . . I 9 [2]
1330 . . . . . . I 9 [3]
1333 . . . . . . I 17 [2]
Thesmophoriazusen
12 . . . . I 27 [3]
49 . . . . . . I 30 [7]
Vögel
147 . . . . . . I 9
149 . . . . . . I 8 [3]
149—151 . . . I 8
151 . . . . . . II 8 [4]
186 . . . . . . I 7
Wespen
44 . . . . . . I 22 [3]
389 . . . . . . I 23 [3]
468—470 . . . I 24 [5]
585 . . . . . . II 2 [5]
1260 . . . . . . I 23 [1]
1286 . . . . . . I 24 [3]
1290 . . . . . . I 24 [1]
1333 . . . . . . I 9 [7]
1348 . . . . . . I 27 [3]
Wolken
191 . . . . . . I 21 [1]
385 . . . . . . I 21 [2]
1175 . . . . . . I 27 [3]

Diodor:
12, 10 . . . . . II 12 [3], 13 [1].
12, 11 . . . . . II 13 [1]
12, 23 . . . . . II 13 [1]
12, 25 . . . . . II 13 [1]
12, 35 . . . . . II 13 [1]
12, 41 . . . . . II 10 [3]
12, 53 . . . . . II 11 [3]
12, 54 . . . . . II 11 [3]
13, 52 . . . . . II 62 [4]
13, 63 . . . . . I 11 [2], 25 [2]
13, 105 . . . . I 11 [2], 25 [2]

Dionysios von Halikarnass:
29 . . . . I 2

Esra (griechischer Text):
1, 2—7 . . . . II 65
1, 2, 3 et 4 . . II 66
1, 6, 22 . . . . II 66 [2]

Buch Esther (griechischer Text)
6, 1 . . . . . . II 65 [2]
7, 1 . . . . . . II 66 [2]

Euripides ed. Nauck:
Archelaos . . . . II 56 [3]
Alcestis
737 f. . . . . . I 47 [5]
926—932 . . . I 48 [1]
Hippolytus
1162 . . . . . . I 48 [3]
1261 . . . . . . I 48 [5]
Melanippe . . . I 49 [2]
Phrixos . . . . . I 44 [3]

Herodot:
5, 3 . . . . . . I 33[4]
5, 34 . . . . . . I 34[5]
5, 71 . . . . . I 16[6]
5, 77 . . . . . . I 34[5]
6, 39 . . . . . . I 7[1]
6, 70 . . . . . . II 61
7, 105 . . . . . I 23[1]
8, 34 . . . . . . I 34[6]
9, 13 . . . . . . II 61[1]
9, 75 . . . . . . II 51[3]

Homer:
Ilias
2, 57 . . . . . . I 2
9, 443 . . . . . I 17[1]
Hymnus auf Apollo
453 . . . . . . I 17

Isaeus ed. Scheibe:
fr. 21, p. 158 . II 474

Pausanias:
1, 29 . . . . . . II 51[3]
1, 36 . . . . . . II 49[2]

Pindar:
Isthmia II
10—17 . . . . I 31[3]
Isthmia III
3 . . . . I 32[3]
13 . . . . I 33[3]
17 . . . . I 33[3]
18 . . . . I 33[4]
25—27 . . . . I 34[4]
32 . . . . I 34[2]
36 . . . . I 32
49—53 . . . . I 35
53 . . . . I 35[2]
Nemea III
20—24 . . . . I 36[4]
20—30 . . . . I 36
Olympia VIII
20—23 . . . . I 37[2]
25—28 . . . . I 37[2]
Olympia X
9 . . . . I 37[1]
Olympia XIII
103—105 . . . I 36[7]
Pythia I
26 . . . . I 39[5]
48—50 . . . . I 38[3]
92 . . . . I 39[2,3]

Platon:
Alkibiades
1, 121 . . . . . I 11[3]

Plutarch:
Alkibiades
1 . . . . I 11[3], 34[6]
18 . . . . I 24[1], I 34[6]
36 . . . . I 11[3]
Kimon
4 . . . . I 72
Nikias
12 . . . . I 24[1]
Perikles
10 . . . . II 12[5]
20 . . . . II 12[4], 13[3]
21 . . . . II 12[4]
29 . . . . I 2, 9[1], 12, II 10, 49[2]
30 . . . . II 47[2]
31 . . . . II 49
praecepta reipublicae
15, 18 (II 992 ed. Dübner Didot)
. . . . I 48[2]
Polybius ed. Hultsch:
18, 15 . . . . . II 3[2]
24, 14 und 15 . II 3[2]

Sophokles ed. Nauck:
Antigone
542 . . . . . . I 46[4]
564 . . . . . . I 45[5]
1105 . . . . . . I 45[5]
Elektra
1194 . . . . . . I 45[4]
König Oedipus
49 . . . . I 45[1]
56 . . . . I 44[5]
177 . . . . . . I 44[6]
Oedipus auf Kolonos
77 . . . . I 45[7]
Philoktetes
104 . . . . . . I 46[2]
135 . . . . . . I 46[1]
1293 . . . . . . I 46[3]
Trachinierinnen
453 . . . . . . I 45[9]

Thukydides ed. Krüger (zuweilen, jedoch ausdrücklich bemerkt: ed. Stahl):
1, 1 . . . . . . I 8 II. 6[1]
1, 3 . . . . . . I 2

1, 6 . . . . . . I 42
1, 9 und 10 . . I 2
1, 10 . . . . . . I 1[1], 2[2], 43[2]
1, 13 . . . . . . I 2, 42[3]
1, 20 . . . . . . I 21[7]
1, 22 . . . . . . I 3[2], 4[3], 6[6], 8, 29[3], II 5[4]
1, 23 . . . . . . II 6[2], 7[1], 8[3]
1, 24—45 . . . II 13[4]
1, 25 . . . . . . II 9[1], 5
1, 35 . . . . . . II 23
1, 36 . . . . . . II 8, 9[3,4], 47
1, 40 . . . . . . II 22[2]
1, 42 . . . . . . II 21[3]
1, 44 . . . . . . II 8, 9[6], 10[1], 23
1, 45 . . . . . . II 14[3]
1, 45—56 . . . II 13
1, 47 . . . . . . II 14[1]
1, 48 . . . . . . II 23[1]
1, 49 . . . . . . II 15[1], 23[2]
1, 53 . . . . . . II 15[3,4]
1, 56—67 . . . II 13
1, 56 . . . . . . II 14
1, 57 . . . . . . II 23[3]
1, 61 . . . . . . II 59
1, 62 . . . . . . I 22
1, 66 . . . . . . II 16[2,5]
1, 67 . . . . . . II 43[2]
1, 67—88 . . . II 13[4]
1, 71 . . . . . . I 3[5]
1, 72 . . . . . . I 28[1], II 7[6]
1, 76 . . . . . . I 28[2]
1, 77 . . . . . . I 22
1, 78 . . . . . . II 1[2]
1, 79 . . . . . . II 16[5]
1, 81 . . . . . . II 16[2]
1, 84 . . . . . . I 49[1], II 40[1]
1, 85 . . . . . . II 43[3]
1, 87 . . . . . . II 7[6], 16[5], 41
1, 88 . . . . . . II 16[5], 41
1, 89—97 . . . II 19
1, 89 . . . . . . I 25[3], II 16[5], 60[1]
1, 95 . . . . . . II 21
1, 97 . . . . . . I 25[3], II 5[3]
1, 97—118 . . II 19
1, 100 . . . . . I 42[3], II 51[2]
1, 103 . . . . . II 24[1], 44
1, 105 . . . . . II 24[2]
1, 107 . . . . . II 24
1, 108 . . . . . I 25[3], II 24[2]
1, 112 . . . . . I 42[3]

10*

1, 114	II 24[1]	2, 52	II 34	4, 66	II 24[1]. 46
1, 115	II 1[2]	2, 53	I 23[4]	4, 72	II 24[3]
1, 118	II 7[1]. 16[5]	2, 54	II 35[1]	4, 86	I 40[2]
1, 120	I 43[2]	2, 60	II 37[1]	4, 95	II 64
1, 128	II 62[3]	2, 61	I 45[5]	4, 101	II 56[4]
1, 125	II 16[5,6]. 41	2, 62	II 34[3]	4, 104	I 6
1, 126	II 16[5]. 41[6]. 42	2, 63	I 16[n]	4, 105	I 11[1]
1, 127	II 16[5]. 42	2, 65	I 3[4]. 14. 16[7].	4, 108	I 41[1,3]
1, 128—139	I 21		41[7]. II 33[1,2].	4, 118	II 2[1]
1, 128	I 25[3]. II 16[5]. 21		31. 40. 51	5, 9	II 37[4]
		2, 67	II 34. 58[6,7].	5, 10	I 25[3]
1, 131	II 62[3]		59[3, 4, 5]	5, 18	II 1[2]. 53
1, 132	I 15[4]. 21[5]. II 71[1]	2, 69	II 17	5, 21	II 2[3]
		2, 71—75	II 70	5, 26	I 6[6, 8]. 39
1, 137	II 66	2, 72	I 38[1]	5, 31	I 8
1, 138	II 66. 67	2, 74	I 46[3]	5, 32	II 53
1, 139	I 25[3]. II 16[5]. 22. 41. 42. 43[1].44[2].45	2, 95	II 57[3]	5, 34	I 8
		2, 96	II 57[4]	5, 35	II 52
		2, 95—102	II 51	5, 43	I 11. 12. 14
1, 140	II 7[2]. 15[5]. 16[1,2]. 22. 42. 45	2, 97	II 13. 33. 33[4]. 56[4]. 58[2]. 60. 60[3]	5, 45	I 13
				5, 46	I 13. 43
				5, 49	I 8
1, 141	II 37[2]	2, 98	II 57[4]. 58[1,4]	5, 50	I 8
1, 142	I 9[5]	2, 99	I 25[3]	5, 52	I 13
1, 143	I 23[4]. II 34[4]	2, 100	II 56[3]	5, 62	I 8. 45
1, 145	II 1[2]. 22[3]. 42	2, 101	II 58	5, 77	II 69
1, 146	II 17	2, 130	I 38	5, 79	II 69
2, 6	I 39[4]	3, 19	II 67[2]	5, 103	I 48[2]
2, 7	II 7[5]. 8. 10. 10[2, 4]	3, 32	II 5[1]	5, 104	I 28[4]
		3, 36	I 16[3]	5, 105	I 47[3]
2, 8	I 19. II 35[2]	3, 37	I 4, 16[1]	**Gespräch mit den Meliern**	
2, 9	II 8	3, 38	I 17[1]. 21[1]		I 29[4]
2, 11	II 35[3]	3, 40	I 4		I 7[5]
2, 12	I 6[5]	3, 42	I 16[6]	85 bis 114	I 13
2, 13	II 34[3]. 42	3, 46	I 13. 30[6]		I 47
2, 15	II 35	3, 58	I 16		II 70
2, 16	II 36[1, 2]	3, 67	I 23[4]	6, 2	I 3
2, 17	II 35	3, 73	I 2	6, 7	II 54[1]
2, 18	II 35[4]	3, 76	I 2	6, 15	I 13. 14[3]. 15[4]. 24[1]. 31[3]. 32[3, 4]. 33[1]. 34[2]. 35[1]
2, 21	I 39	3, 82	I 3[6]		
2, 29	II 57[1,2]	3, 86	II 10[4]. II 18[4]		
2, 31	II 22. 46	5, 104	I 2		
2, 34	I 23[4]	3, 114	II 14[1]	6, 16	I 13. 14[1]. 33[2]. 34[1]. 45[7]
2, 36	I 29[5]. II 37[2]	3, 116	I 39		
2, 38	II 39[1]	4, 2	I 3	6, 16—18	I 24[1]
2, 39	II 39[2]	4, 21	I 16[4]	6, 17	I 13
2, 40	II 38[4]	4, 24	I 3	6, 18	I 10[1]
2, 41	I 3. 24[5]. 38[4]. II 38[1,2]	4, 28	II 53	6, 20	I 44[3]
		4, 45	I 44[6]	6, 21	I 16[1]
2, 43	II 37[3,4]	4, 50	II 59[1]. 63[3]	6, 25	I 24[2]
2, 48	II 5[2]	4, 60	I 26[7]	6, 30	I 23[4]
2, 51	I 48[4]	4, 63	I 42[3]	6, 31	I 42[3]. 48[6]

6, 32	I 26⁷. 48¹	7, 28	I 9⁵. 19	8, 36	II 67. 68
6, 33	I 26⁷	7, 29	II 54. 56	8, 38	I 20
6, 34	I 10¹. 14. 27²	7, 30	I 23⁴	8, 40	I 20
6, 35	I 21⁴. 23²	7, 41	I 42³	7, 43	II 68
6, 38	I 27²	7, 48	I 28⁷	8, 48	I 28⁴
6, 43	I 14	7, 58	I 8²	8, 61	II 67¹
6, 50	I 22⁴·⁴. 42⁴. 48⁵	7, 59	I 19	8, 63	I 20
		7, 63	I 44⁴	8, 63—90	I 20
6, 53	II 71²	7, 75—77	I 35⁵	8, 85	I 25¹
6, 54	II 72²	7, 76	I 34⁴	8, 68	I 3⁴. 15³
6, 60	I 46¹	7, 77	I 44⁴	8, 70	I 43²
6, 61	II 13²	7, 82	I 5⁴. 24⁷	8, 73	I 26. 26³
6, 68	I 28⁴	7, 86	I 44²	8, 74	I 26⁴·⁶
6, 69	I 28⁴	7, 87	I 19	8, 86	I 26⁴·⁶
6, 71	I 23⁴	8, 1	I 6¹	8, 97	I 20. II 39²
6, 75	I 29⁴	8, 1—5	I 19	8, 98	I 20. II 44⁵
6, 76	I 43⁴	8, 5	I 19	8, 99—109	I 20
6, 78	I 23⁴	8, 6	I 19. II 62⁶. 68		
6, 79	I 29	8, 7	I 19	**Timaeus:**	
6, 83	I 30¹	8, 12	I 19. II 62⁷. 63	fr. 99	II 19²
6, 87	I 45⁴·⁹	8, 14	I 19	**Xenophon:**	
6, 90	I 14¹	8, 15	I 19	Hellenika	
6, 91	I 9. 9⁵	8, 16	I 19. 20	1, 5	I 11²
6, 92	I 14¹. 46²	8, 17	II 63. 68	2, 1	II 68
6, 93	I 9⁵	8, 18	II 68	3, 6	II 61²
6, 105	I 6⁷. 7²	8, 22	I 20	Memorabilia	
7, 18	I 9. II 1². 7³	8, 23	I 20	1, 2	I 12⁴
7, 21	I 28⁵·⁶	8, 24	I 20		
7, 27	I 9⁵	8, 26	I 22. 25¹		

Personalregister.

Achämenes: I 113.
Achilles: I 36.
Aeacus: I 11³.
Aemilier: II 3.
Agis: I 19.
Aiantides: II 72.
Ajax: I 11³. 12¹. 35. 45.
Alkibiades: I 9. 10. 10². 11³. 12. 13. 14. 14¹. 15. 19. 20. 21. 22. 25. 27. 28. 31⁵. 32. 33. 34. 35. 35⁴. 43⁴. 45. II 13. 16. 21. 39. 57. 62. 63. 67. 69. 71.
Anaxagoras: I 3. 3⁵. 15. 35.
Antiphon: I 3. 3⁵. 15. 35.
Anthemokritos: II 47.
Apseudes: II 11.
Archidamos: I 38. 47. 48. II 16. 34. 35. 43.
Aristeus: II 59. 64.
Aristogeiton: II 71. 72.
Artabazos: II 65.
Artaphernes: II 60¹. 63.
Artaxerxes: I 11³. II 66.
Asklepios: I 32.
Aspasia: II 5. 44. 48.
Astyochos: II 68.
Athenagoras: I 28.
Marc Aurel: I 23⁴.
d'Avenel: II 37.
Brasidas: I 40. 40². 46. II 37⁴. 52.
Chalkideus: I 19¹. II 63.
Chatham: II 36.
Commodus: I 23¹.
Cornelier: II 3.
Cyrus: II 65.
Daedalus: I 11².
Darius: II 60. 64. 66². 72.
Demosthenes: I 5. 24.
Didymos: I 35.
Dieitrephes: II 56.
Dinarch: II 19.
Diodotos: I 46. 30. 31.

Dionysos: II 12.
Diotimos: II 18. 19.
Endios: I 19. II 62. 63.
Ephialtes: I 16. II 48.
Ephoros: II 20. 47.
Euphemos: I 29⁴. 45.
Eurysakes: I 11³. 35.
Fabius Maximus: II 36. 36⁴.
B. Franklin: I 21.
Bethlen Gábor: II 6.
Genthes: I 11.
Gorgias: I 3. II 18⁴.
Hadrian: II 49.
Harmodios II 71. 72.
Hegesipyle: I 7².
Hermokrates: I 21. 23⁴. 25. 26. 26⁷. 27. 27³. II 12⁷.
Hieromenes: II 68.
Hieron: I 37. 38.
Hipparchos: II 72.
Hippias: II 22. 72.
Hypereides: II 19.
Ipbikrates: I 12.
Isaeus: II 47.
Kimon: I 7². 35. 42. II 63.
Kleinias: I 13. 34.
Klearchos: II 69¹.
Kleombrotos: II 21.
Kleon: I 4. 5¹. 16. 17. 18. 22. 27. II 52. 53.
Konrad III.: II 37.
Kratippos: I 7².
Ktesias: II 66².
Kylon: II 21. 40.
Lampon: II 48.
Lykos: I 23.
Lysias: I 3.
Maskames: I 25.
Madokes: I 11.
Melesippos: I 6.
Melissos: I 32. 33. 34.
Miltiades: I 7². 12¹. 35. II 19. 55.

Nehemia: II 65.
Nikias: I 13. 23. 24. 27. 28. 43. 43⁴. 44².
Oedipus: I 44. 45.
Oinobios: I 40³.
Oloros, Thrakerkönig: I 7².
Oloros: I 6. 7².
Orestes: I 11².
Pandion: II 57.
Pausanias: I 21. 25³. II 2. 16. 21. 40. 43. 47. 64. 65. 66. 67. 70. 71.
Peisistratos: II 71. 72.
Perdikkas: II 54.
Perikles: I 3. 3² ¹. 9. 9⁵. 12. 14. 17. 18. 23¹. 24. 38. 41. 45. II 5. 10. 15. 16⁵. 17. 24. 24³. 33. 34. 36. 37. 38. 39. 40. 41. 42. 43¹. 45. 46. 47. 48. 49. 70.
Pharnabazos: I 25. 68. 69.
Philopoimen: II 3².
Phidias: II 5. 48. 49.
Philochoros: II 47.
Phormios: II 17.
Phrynichos: I 28. 31.
Pitt: II 36.
Polemon: I 7².
Pompejus: I 4¹·².
Richelieu: II 37.
Rostoptschin: II 34.
Senthes II 56.
Sitalkes: II 57. 58. 59.
Sokrates: I 11³. 12⁴. 21. II 69.
Solon: II 38. 39.
Teres: II 57.
Tereus: II 57.
Themistokles: I 21. 25³. II 2. 16. 21. 40. 43. 67. 70.
Theopompos: II 47.
Theseus: II 34.
Tissaphernes: I 19. 35¹. 68. 70.
Xanthippos: II 41. 42.
Xerxes: II 63. 65. 66.

Inhalt.

	Seite
Zweiter Theil. Eingereihte Urkunden	1—73
Vorwort über die Aufgabe	1— 3
Erstes Kapitel. Staatsurkunden	3—54
§ 1. Angebliche Fälschungen über den Kriegsbeginn	3— 8
a. Die Polemik	3— 4
b. Vergleichung mit Polybius	4
c. Sachlicher Zweck des Werkes	4— 5
d. Vergleichung mit Ursprüngen zweier neuerer Kriege	5— 7
e. Thukydides' Ueberzeugung von der Entstehung des Krieges	7— 8
§ 2. Angebliche Fälschungen über Italien und Sicilien	8—14
a. Prüfung der Quellennachrichten	8—10
b. Die Bündnisse westgriechischer Staatengruppen mit dem Mutterlande	10—11
c. Thukydides' Spott über Gorgias' Gesandtschaft	11—12
d. Die Bedeutung der Gründung von Thurii	12—13
§ 3. Die angebliche Expedition nach Italien im Jahre 433/32 vor Chr.	13—19
a. Thukydides' Quellen über die korkyräische Expedition	13—15
b. Zeitgenössische Auffassungen über die korkyräische Frage	15—17
c. Ergebnis der inschriftlichen Nachrichten	17—19
Excurs über die Entstehung der Pentekontaëtie	19—22
§ 4. Der megarische Volksbeschluss	22—26
a. Thukydides' Bekämpfung nebensächlicher Kriegsgründe	22
b. Korinthische Auffassungen über den megarischen Staat	22—25
c. Unsere Kunde über den megarischen Staat um 431 vor Chr.	25—26
Excurs über Perikles' Schilderung bei Thukydides	26—43
a. Der Charakter der perikleischen Redeüberlieferung	26—27
b. Die beiden Reden in indirecter Form	27—28
c. Thukydides' persönliches Urtheil über die Reden	28—29
d. Thukydides' letztes Urtheil über Perikles	29—30
e. Thukydides' Abneigung gegen Correcturen ausgearbeiteter Stücke seines Werkes	30—31
f. Widersprüche gegen den Inhalt perikleïscher Reden	31—33
g. Thukydides' frühere Ansichten über Perikles	33—35
h. Thukydides' principielle Einwände gegen Perikles	35—36
i. Vergleichungen mit Perikles	36—38
k. Bestrittene Behauptungen der Grabrede	38—39
l. Thukydides' politischer Gegensatz	39—40
m. Entstehung des jetzigen ersten Urtheils über Perikles	40—43
n. Ergebnis des Excurses	43
§ 4. Der megarische Volksbeschluss (Fortsetzung)	43—49
d. Thukydides' Berichte über den Volksbeschluss	43—45
e. Perikles' Auffassung über die megarische Frage	45—46
f. Ziel der attischen Kriegführung gegen Megaris	46
g. Die Vergrößerungen in der Komödie	46—49

	Seite
§ 5. Unbenutzte Urkunden aus Thrakien	49—54
a. Die Colonisation von Brea	49—51
b. Nichterwähnung wechselnder Zugehörigkeit thrakischer Städte	51—53
c. Schweigen über die Privilegien Methone's	53—54
Zweites Kapitel. Acten verschiedenen Charakters	54—72
§ 1. Verwerthung thrakischer urkundlicher Kunde	54—58
a. Gegenwärtiger Stand dieser Forschung	54—55
b. Thrakische Kriegssitte	55—56
c. Das Odrysenreich	56—58
§ 2. Persische Briefe und Weisungen	58—69
a. Thukydides' Ansichten von den Persern	58—62
b. Correspondenz des Perserkönigs mit Pausanias	62—66
c. Themistokles' Correspondenz	66—67
d. Die persischen Verträge bei Thukydides	67—69
e. Alkibiades' Berichterstattung	69
§ 3. Antiquarische Sammlung	69—72
a. Alkibiades' Muster	69—70
b. Der antiquarische Charakter von Thukydides' Excursen	70—71
c. Pausanias' Inschrift	71
d. Die Peisistratidengeschichte	71—72
Schluss	72
Verbesserungen	73
Verzeichniss der besprochenen Stellen griechischer Schriftsteller	74—77
Personalregister	78